Dr. Lair Ribeiro

LA PRO$PERIDAD

Participa de LA ABUNDANCIA que el Universo pone A TU ALCANCE

Dr. Lair Ribeiro

LA PROSPERIDAD

Participa de LA ABUNDANCIA que el Universo pone A TU ALCANCE

EDICIONES URANO

Argentina - Chile - Colombia - España
Estados Unidos - México - Venezuela

Título original: *Prosperidade*
Editor original: Editora Moderna, São Paulo
Traducción: Joan Salvador

© 1998 *by* Meta Suporte Global Assessoria e Comércio Ltda.
© de la traducción 1999 *by* Joan Salvador
© 2000 *by* Ediciones Urano, S. A.
Aribau, 142, pral. - 08036 Barcelona
www.edicionesurano.com

Cubierta: Ilustración - Cláudio Gianfardoni
Ilustraciones: Aparecido Campos Benedito,
José Carlos de Sousa, Fernando Brum
y Cláudio Gianfardoni

ISBN: 84-7953-400-1
Depósito legal: B. 1.738 - 2000

Fotocomposición: Ediciones Urano S. A.
Imprime Bigsa I. G. - c/Manuel Fernández Márquez, s/n, mód. 6-1 -
08930 St. Adrià del Besós (Barcelona)

Impreso en España - *Printed in Spain*

Índice

I. LO NORMAL, LO ESPERADO
Realismo y conformismo 9

2. REALIDAD, AMARGA REALIDAD
Percepciones intuitivas y preliminares................ 17

3. LA RUTINA DE LO COTIDIANO
Despertar a nuevos horizontes 25

4. AL CÉSAR LO QUE ES DEL CÉSAR
Apostar por el futuro................................. 33

5. EL RECONOCIMIENTO DE LA PRESENCIA
Experimentar otras dimensiones........................ 41

6. MAGNETISMO ECONÓMICO
Lo semejante se atrae 51

7. RECODIFICAR LO OBSOLETO
Soltar el freno de mano 61

8. EL ALUD DE LOS PREJUICIOS
Soltar las amarras 73

9. LA PSICOLOGÍA DE LA POBREZA
Liberarse de pesadas cargas 91

10. LA PARADOJA EXISTENCIAL
Inmortalidad en vida 101

11. EL ENIGMA DE LA RIQUEZA
Hasta qué punto es real la realidad 115

12. EL PROCESO CREATIVO
El ejercicio de la creación *123*

13. MÁS ALLÁ DE LAS LIMITACIONES
Inventar la realidad *131*

14. APRENDER A LLEGAR
Entender cómo funciona el engranaje *147*

15. EL SECRETO DE LA ABUNDANCIA
Acelerar el ritmo *155*

16. GANAR Y MERECER
La riqueza al alcance de todos *171*

17. GASTAR PARA COMPARTIR
Multiplicar recursos *183*

18. APRENDER CON LOS MAESTROS
Conocimiento y poder *189*

19. HACER POSIBLE LO IMPOSIBLE
El futuro en el presente *195*

20. REALIDAD, DULCE REALIDAD
Integrar y prosperar *207*

21. NUEVOS PARADIGMAS
Cambiar para permanecer *221*

22. PRINCIPIO SIN FIN
El ciclo se renueva *229*

E l Universo es pura inteligencia, es abundancia, es paradoja, y de tal modo es así que todos en él somos ganadores. Entre los seres humanos se dan distintas relaciones: si yo gano, tú pierdes; si yo pierdo, tú ganas; si yo pierdo, tú pierdes, etc. Pero el único de estos juegos del ganar o perder que vale la pena seguir es el de «yo gano, tú ganas»; no es necesario que tú pierdas para que yo gane, y si, con todo, insistes en perder, entonces tienes un problema.

Es fácil comprender, intelectualmente, estos conceptos. Lo difícil es incorporarlos al vivir cotidiano, porque la teoría cambia cuando la llevas a la práctica: en el juego mortal del «sálvese quien pueda» los buenos de corazón tienen las de perder...

Este libro te va a transmitir el secreto de la **prosperidad**, y lo hará recurriendo a principios de distintas disciplinas y a un lenguaje metafórico y poderoso.

Salud, riqueza y amistad son regalos que nos ofrece el Señor. Con imaginación y entusiasmo saltaremos la línea divisoria que separa al individuo de la manada, al vencido del vencedor; podremos ser felices y disfrutar de un gran éxito en la vida si creemos firmemente en la posibilidad de que así sea.

Cíñete el cinturón de seguridad y prepárate para un viaje muy provechoso y emocionante.

Amor y Sabiduría,
Vanguardia

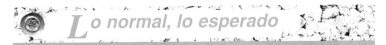

Realismo y conformismo

Érase una vez un individuo que se llamaba *Usted*. Él y casi todos los que con él convivían pensaban de la misma manera: «La gente nace, crece, hace cosas que no le gusta la mayor parte de su vida, envejece, se jubila y muere»; a veces con algunas variantes: «Las personas nacen, crecen, se casan, tienen hijos, cuidan de ellos hasta que están criados y dejan el hogar, y luego se deprimen, envejecen y mueren».

—¿De verdad tiene que ser así siempre o podría ser muy distinto? —solía pensar a menudo *Usted*. Incluso hablaba del tema con los amigos, los compañeros y sus vecinos. Por desgracia, estas conversaciones no llevaban a ninguna parte y el tal *Usted* acabó por resignarse, pues dedujo que su existencia era atribuible a un proceso superior, tal vez kármico, en el que no tenía ni voz ni voto—. Tal vez seamos el efecto, y no la causa —pensaba.

Por otra parte, *Usted* se daba cuenta de que dentro de sí pulsaba una fuerza superior. Y tan poderosa era esa fuerza que, aunque aletargada, le permitía percibir siquiera durante décimas de segundo que las cosas podrían ser muy diferentes. Le daba a entender que la salud, la riqueza, el amor y la amistad eran partes integrantes del ser humano, que todos nosotros tenemos derecho a la prosperidad, que el Universo es inteligencia y abundancia, un lugar en el que todo el mundo puede ganar, en el que cada cual tiene el derecho a hacer lo que le gusta y estar satisfecho por ello.

Aunque el otro aspecto de *Usted* insistía:

«Olvídalo, estás pensando en utopías. La existencia es dura: vivir y sufrir. —Recuerda entonces el hombre todas sus frustraciones y humillaciones, toda esa violencia de la que ha sido testigo y que, de alguna manera, ha incorporado a su "yo"—. Ya es demasiado tarde, no tiene arreglo.»

Y esa faceta de *Usted* intenta convencerlo de que está predeterminado, hasta el fin de sus días, a sufrir las limitaciones que la vida le ha impuesto hasta ese momento.

«¿Y el libre albedrío? —se defiende el *Usted* optimista—. Somos animales con capacidad lingüística. El lenguaje no sólo crea realidad, también nos diferencia de los demás seres vivos y nos hace humanos. Toda codificación cerebral es lingüística. Y cualquier elemento y cualquier instrucción que hayan sido codificados lingüísticamente pueden ser recodificados lingüísticamente.»

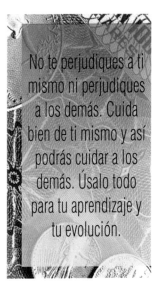

No te perjudiques a ti mismo ni perjudiques a los demás. Cuida bien de ti mismo y así podrás cuidar a los demás. Úsalo todo para tu aprendizaje y tu evolución.

El conflicto permanece. Con esta ambigüedad de conceptos, conviven en el interior del individuo *Usted* dos personalidades antagónicas, la dualidad universal: bondad y maldad; riqueza y pobreza; calor y frío; dureza y suavidad; emoción y razón; sintonía y caos. *Usted* empieza a cansarse de estos planteamientos filosófico-existenciales. Mucha lectura, mucho conocimiento, en ocasiones mucha esperanza, pero siempre el mismo *status quo*.

El personaje *Usted* analiza su existencia y llega a la conclusión de que el futuro es tan sólo una repetición del pasado. Y aquí lo tenemos, resignado a ese futuro, caminando cabizbajo, con los hombros caídos, encogidos, en una postura que da a entender al mundo, con esa expresión hundida, quién ha resultado perdedor en este juego mortal.

Paseaba *Usted* y pensaba en estas cuestiones cuando en el suelo, frente a él, encuentra un billete de un dólar. Sin dudarlo, coge el billete, le da la vuelta en un gesto casi automático y ve escrito con letras bien visibles:

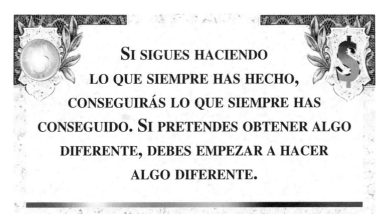

Si sigues haciendo lo que siempre has hecho, conseguirás lo que siempre has conseguido. Si pretendes obtener algo diferente, debes empezar a hacer algo diferente.

Y reacciona a aquello con un comentario crítico:

«¿Cómo es posible que alguien se dedique a escribir en un billete? ¡Y de un dólar, además!»

Su mente crítica toma nota de lo que acaba de pensar y se olvida del contenido del mensaje.

Usted dobla el billete y lo guarda en el bolsillo, quizá lo quiera como un amuleto.

Usted llega a casa, pero antes de entrar en el edificio llama su atención el ruido de un automóvil que pasa cerca de la acera a poca velocidad. Es un Mercedes Benz. El conductor, que viste un uniforme que parece el de un vigilante, dibuja con los dedos índice y medio el signo de la letra «V». *Usted* no entiende nada.

Entra en casa. Su mujer, aunque agotada, le recibe cariñosamente. Sus hijos lloran y el teléfono no para de sonar. Un día más que pasa. Un día igual al de ayer y, con toda probabilidad, no muy distinto al de mañana. (¡Eso es lo que *Usted* cree!)

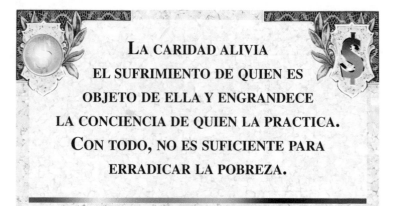

LA CARIDAD ALIVIA EL SUFRIMIENTO DE QUIEN ES OBJETO DE ELLA Y ENGRANDECE LA CONCIENCIA DE QUIEN LA PRACTICA. CON TODO, NO ES SUFICIENTE PARA ERRADICAR LA POBREZA.

En relación al futuro sólo hay una cosa segura: no será como la gente espera.

Aloysio Faria

1. ¿Qué piensa la mayoría de tus amigos sobre la prosperidad? ¿Y tú?

_____

2. ¿Crees en el destino o, por el contrario, piensas que cada cual traza el suyo?

_____

3. ¿Qué es lo que te gustaría hacer y no estás haciendo?

_____

4. ¿Qué es para ti el libre albedrío?

_____

5. ¿Crees en los amuletos?

_____

6. ¿Cuál es la mayor cantidad de dinero que has recibido hasta el día de hoy?

_____

7. ¿Tienes la familia que te mereces?

_____

INDEPENDENCIA
ECONÓMICA SIGNIFICA
NO HACER NADA
POR DINERO QUE NO
QUIERAS HACER,
Y NUNCA DEJAR DE HACER
NADA QUE DESEES HACER
POR FALTA DE DINERO.

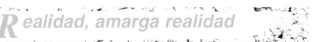

Percepciones intuitivas y preliminares

sted despierta por la mañana y no sabe muy bien qué hora es ni si lo que le ha ocurrido esta noche es un sueño o es realidad. Sólo recuerda unos puntitos brillantes, como fragmentos de una estrella, que entraban por la ventana de su habitación en una danza extraña que lo envolvía. De ese movimiento surgía un brillo especial con una cualidad musical, de tal modo que en el aire se difundía una melodía de indescriptible belleza. *Usted* jamás olvidará aquella melodía, compases de tres notas que parecía que repetían una palabra, la misma que la luz dibujaba ante sus ojos, a penas a un metro de su rostro:

—VAN... GUAR... DIA...

Usted llegó a casa la noche anterior con las mismas

preocupaciones de siempre en la cabeza. El dinero que no alcanza, que cada vez da para menos, mientras los gastos suben mes a mes. Y resulta que *Usted* trabaja más que antes, se esfuerza al máximo, que sus horas de ocio han disminuido drásticamente, que ha sacrificado la alegría de vivir y no tiene ni tiempo ni dinero para preocuparse de su salud... y, a pesar de todo, con tanto esfuerzo no obtiene un resultado que compense. Le preocupa que haya tanto desempleo y que el bienestar de su familia esté en juego. Sin duda, *Usted* está estresado.

Mientras cena con la familia, a *Usted* no le queda más remedio que añadir nuevos compromisos a su presupuesto: el dentista del hijo pequeño, las clases de inglés de la hija, el aumento de las mensualidades del colegio, la reparación urgente del frigorífico estropeado... Cuando le echa un vistazo al periódico, *Usted* no se deja impresionar por las habituales noticias de corrupción y violencia, por la crisis económica, aunque sí siente cómo se le estrecha un poco el bolsillo, cómo le aprieta más el cinturón. Así que se pone frente al televisor para distraerse con una película que trata de millonarios desgraciados y sin escrúpulos y de pobres que rebosan dignidad. Abre un libro para leer un rato, pues eso lo distrae, pero sabe que la preocupación y el estrés siguen ahí. Le cuesta dormir y, cuando lo consigue, es con un sueño intermitente que llega a ser angustiante. Cualquier pretexto es bueno para que sus pensamientos lo despierten.

En esta ocasión ha sido el sonido de las gotas de un grifo mal cerrado al caer en la pila del lavabo; el repiqueteo se amplifica en sus oídos insomnes y empieza a percibirlo como una serie de notas musicales, acompasadas e hipnóticas. Con la caída de cada gota surge una nota, breve, seca, y cada tres notas *Usted* distingue una pausa, a la que siguen otras tres gotas. De modo que se levanta para cerrar el grifo, aunque de nada sirve. Como mucho, ha cambiado algo el ritmo, el tono. «Llamar a un fontanero. Un gasto más», gruñe *Usted* para sí, fastidiado porque no sabe siquiera cambiar esa pieza tan pequeña del grifo. Decide no prestar atención a aquel goteo insignificante. Y, sin embargo, precisamente a través de aquel sonido su mente se embarca en una especie de estado «alfa», como si estuviera en trance.

Al poco tiempo, el repiqueteo conduce a *Usted* a un paso de la soñolencia, a un estado intermedio entre el sueño y la vigilia en el que parecía que las tres notas ya no procedían sólo de las gotas al caer. Brillo, colores y movimiento vibraban al unísono como si el Universo entero estuviera detrás de aquel ritmo. Y transportada por estos compases, desafiando su mente, aquella palabra flotaba en el aire, por encima del lecho:

«VAN... GUAR... DIA...».

La mañana del día siguiente *Usted* pensó que sería mejor no contar nada del extraño sueño a su mujer. Además, como ya empezaba a preocuparse por el exceso de estrés del marido, se asustaría si supiera lo de las letras brillantes que bailaban en medio de la habitación al son del goteo del grifo del lavabo, que entonaba algo así como:

«VAN... GUAR... DIA...».

—¡Qué historia tan absurda! ¿Te has vuelto loco?
—diría ella, pragmática como era.

Pero *Usted* deseaba descifrar por sí mismo aquel enigma, pues sentía que la palabra Vanguardia encerraba algún mensaje de gran importancia para su vida.

¿Cómo desentrañar el misterio sin dejarse llevar por interpretaciones fantasiosas?

«Tengo que saber sea como sea qué está ocurriendo conmigo», pensó *Usted*, al tiempo que daba una excusa para levantarse de la mesa del desayuno. Cuando se dirigía del salón al cuarto de baño cogió un diccionario.

*Vanguardia. **Avanzada de un grupo o movimiento ideológico, político, literario, artístico, etc. Grupo de individuos que por sus conocimientos o por una tendencia natural ejerce el papel de precursor o pionero*** *en movimientos culturales, artísticos, científicos, etc.* **Vanguardista. Partidario del vanguardismo. Aquel que marcha en vanguardia, que encabeza un movimiento o una marcha.**

Tal vez su mujer haya encontrado extraño verlo salir del baño con un diccionario en la mano, pero *Usted* procura actuar con naturalidad y suelta una pregunta de lo más superficial, como:

—¿Quieres que compre el pan cuando vuelva del trabajo?

—No, querido; quiero que regreses cuanto antes a casa. Te estaremos esperando.

—Entonces, hasta la noche.

En la memoria de *Usted* permanecen algunas palabras de la definición de *Vanguardia* que podrían darle una pista. A*vanzada… papel de precursor o pionero… aquel que encabeza un movimiento o una marcha…*

Se encuentra ya en la calle, frente al puesto de periódicos, cuando ve

Saber es diferente de saber hacer. Quien sabe algo, pero no sabe cómo llevarlo a la práctica, desde el punto de vista de los resultados, es como si no lo supiese.

pasar a un amigo que camina con prisa hacia el trabajo. *Usted* le hace señas y lo saluda:

—¡Eh! ¿Qué tal? ¿Adónde vas con tanta prisa?

—Voy a la guerra, amigo. ¡Siempre corriendo detrás del dinero!

Cuando *Usted* responde: «¡No te canses! ¡Y buena
suerte!», él ya está lejos. Y en ese instante, de repente,
surge ante *Usted* un destello del mensaje de la noche:
«¿A la guerra? ¿Por qué piensa que trabajar es ir a la
guerra? ¿Y por qué corre detrás del dinero? ¿No sería
mejor ir por delante?».

Vanguardia se ha manifestado con el primer *insight*
en la mente de *Usted*.

> Quien se mantiene fiel
> en la escasez, se
> mantendrá fiel en la
> abundancia; quien es
> injusto en las
> pequeñas cosas,
> también será injusto
> en las grandes.
>
> Lucas 16,10

Preguntas que vale la pena responder

1. ¿Te consideras una persona intuitiva?

_____

2. ¿Cuál es la mayor manifestación de tu intuición que recuerdas?

_____

3. ¿Alguna vez alguien te tomó por loco?

_____

4. ¿Cuál ha sido el mayor enigma que has resuelto?

_____

5. ¿Te consideras un vanguardista? ¿En qué aspectos de tu vida?

_____

6 ¿A quién consideras tu mejor amigo o amiga? ¿Por qué?

_____

7. ¿Qué _insights_ has tenido hasta ahora mientras leías este libro?

_____

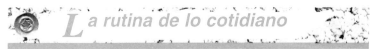

La rutina de lo cotidiano

Despertar a nuevos horizontes

Su nombre, *Usted*, es muy poco frecuente. Al principio la gente se extrañaba, lo encontraba gracioso, aunque después todos se acostumbraban.

—¿*Usted*? ¿Es así como usted se llama?

—Sí, pero no hace falta que me trate de usted. Puede tutearme.

Detestaba las formalidades y le encantaba andar por las calles de la ciudad, entre la multitud, sentir que formaba parte de la ciudadanía, estudiar el comportamiento de los demás, identificarse con la gente.

Camino del restaurante donde solía comer se encontraba con mendigos, familias enteras que vivían en la calle y que buscaban entre las basuras restos de comida, y se conmovía. Le asaltaba incluso un cierto sentimiento de culpa porque él sí tendría una comida decente. Se identificaba con los humildes, con cualquier persona que se cruzara con él por la calle, y no podía evitar una mirada mezcla de envidia y rechazo hacia los ricos que circulaban con sus grandes automóviles.

Ese contraste cada vez más doloroso entre riqueza y miseria le recordaba algunas frases aprendidas en su infancia, en las clases de religión y en las conversaciones en familia: «El dinero no da la felicidad», «Es más fácil para un camello pasar por el ojo de una aguja que para un rico entrar en el reino de los cielos...».

Usted había oído por primera vez el dicho del camello cuando tenía siete años, y siempre se había esforzado en imaginar cómo se las arreglaría un animal tan grande para pasar por un agujero tan pequeño. En una visita al zoológico se quedó mirando al camello y aquellas jorobas que hacían aún más absurda la idea.

—Aunque se tratara de un dromedario, que sólo tiene una joroba, sería imposible. Cuánto más imposible para un camello, que tiene dos... —exclamó el hermano mayor, que se las daba de listo.

Cuando volvieron a casa, buscó la caja de costura de su madre y se quedó un buen rato mirando agujas de distintos tamaños. Y ciertamente era imposible que pasara por allí un camello, como debería de serlo que un rico entrara en el cielo.

«¡Caramba! ¿Sabes qué? —se dijo a sí mismo—. ¡Quiero ser pobre!»

Ya adulto, *Usted* ponía en cuestión estas afirmaciones, pero aquella declaración hecha a los siete años de edad permanecía sólidamente anclada en su mente.

—Que un rico vaya al cielo no tiene por qué ser imposible, porque si existe un cielo y existe Dios, nada es imposible. Y el corazón de una persona no se aprecia por lo que hay en su bolsillo o en su cuenta corriente —pensaba *Usted* mientras paseaba por la calle—. Pero debe de ser difícil, porque cuando se tiene mucho dinero la gente se vuelve egoísta —se dijo al pasar frente a un hotel de cinco estrellas con dos limusinas en la puerta.

El griterío del restaurante económico y el sabor de la lasaña hicieron que olvidara un poco aquel pensamiento. Para volver al trabajo tomó por otra calle, pues le gustaba cambiar de ruta. De repente se le ocurrió que tal vez al variar de camino estaba evitando algo desagradable que había visto a la ida: «¿Los mendigos o los millonarios?», se preguntó..., y no supo qué responder.

Se encontró en su camino ante un templo enorme y recordó que había pasado por allí hacía unas semanas y no había nada.

«Estas sectas piden a sus fieles un porcentaje de lo que ganan, y ellos lo pagan de buena gana. Pero, ¿por qué?», se preguntó justo cuando centenares de personas empezaban a salir de la iglesia. Y recordó que en los últimos tiempos se sentía tan agobiado que daba escasa prioridad al aspecto espiritual de su existencia.

Si las mujeres no existieran, todo el dinero del mundo carecería de significado.
Aristóteles Onassis

Más adelante llamó su atención una voz firme que decía:

—Mi Padre está en el cielo, y el reino de Dios está dentro de nosotros.

Nunca había oído nada parecido en prédicas callejeras. El caso es que el viejecito sonriente que repetía una y otra vez aquellas frases no tenía ni mucho menos el aspecto de un predicador normal y corriente, uno de esos religiosos que se echan a la calle a hacer proselitismo.

El viejo se encontraba en la esquina del edificio de oficinas en el que *Usted* trabajaba. Llevaba una túnica dorada y así vestido se distinguía de la multitud, pero, por lo visto, nadie había reparado en su presencia. Parecía que sólo *Usted* fuera capaz de verlo. El viejo lo miró con una sonrisa agradable y familiar.

Usted nunca había visto a alguien como él, aunque al mismo tiempo tenía la sensación de que lo conocía desde hacía siglos.

«¿Cómo es posible?», se preguntó.

No tenía en absoluto el aspecto de un mendigo; más bien al contrario, irradiaba bienestar, y también un sentido de prosperidad que, con todo, nada tenía que ver con el de aquellos hombres adinerados que despertaban en *Usted* sentimientos de envidia y rechazo.

No podía entender el porqué ni el cómo, el caso es que la prosperidad se reflejaba en la figura de aquel anciano, que ahora brillaba más que su túnica dorada.

Aquella frase resonó en su cabeza durante toda la tarde, mientras trabajaba. **«Mi Padre está en el cielo, y el reino de Dios está dentro de nosotros.»**

«¿Qué quería decir aquel hombre con aquello?»

Al final de la jornada, *Usted* recogió su nómina en caja. Al día siguiente ingresarían el salario en su cuenta corriente. A pesar del último aumento de sueldo y de las muchas horas extras que hacía, necesitaría un milagro para hacer frente a todos los gastos.

Aunque preocupado por las cuentas del mes, *Usted* no podía borrar de su mente el recuerdo del viejo, de modo que decidió pasar de nuevo por la esquina. Pero ya no estaba allí.

1. ¿Te gusta tu nombre?

_____

2. Si tuvieras la ocasión de cambiarte de nombre, ¿cómo te llamarías?

_____

3. ¿Qué crees que aporta más desgracia a la humanidad, la miseria o la riqueza?

_____

4. ¿Por qué el dromedario sólo tiene una joroba y el camello dos?

_____

5. ¿En qué parte de la Biblia se encuentra la cita «Mi padre está en el cielo, y el reino de Dios está dentro de nosotros»?

_____

6. ¿Has conocido a algún pobre que tenga la energía de un rico y un rico con la de un pobre?

_____

7. ¿Cuál es la persona que más admiras del mundo?

_____

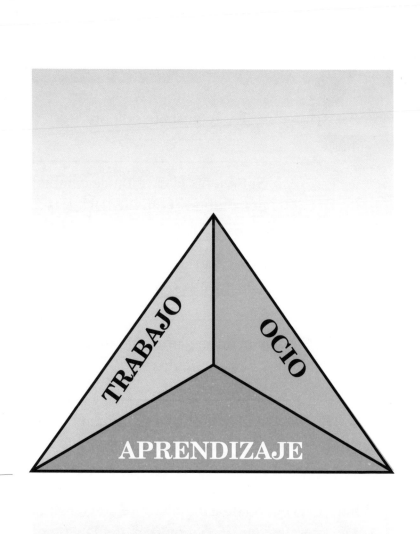

Apostar por el futuro

sted atravesaba el desierto bajo un sol despiadado llevando de las riendas un camello cargado de mercancías para vender. Estaba sediento, agotado, por el gran esfuerzo que estaba haciendo para llegar a tiempo a la ciudad. Además, debía mantenerse lúcido y no dejarse confundir por ningún espejismo que lo apartara del camino.

Sentado junto a la muralla de la ciudad, *Usted* contaba las monedas que había sacado de su bolsa. Las había ganado en el mercado y ahora empezaba a repartirlas, a decidir el destino que les iba a dar.

Se despertó sobresaltado; al poco tiempo se dio cuenta de que sus pesadillas y su realidad eran muy parecidas. Fue a trabajar, como cada día, para ganar el sustento para la familia.

Durante la hora de la comida se dirigió al banco para pagar algunas facturas. Empezó a contar los gastos de alimentación, del alquiler, de la escuela y el dentista, y todo ello le recordaba las imágenes de la pesadilla.

Ya en casa, después de cenar, se entretuvo con las noticias de la televisión y, a continuación, se dedicó a hacer malabarismos para cuadrar el presupuesto del mes. Tan agotado se quedó con la gimnasia económica que *Usted* durmió aquella noche olvidándose de las gotas musicales de la víspera y sin pensar demasiado en el viejo. Fue una noche calurosa; un sueño de desierto abrasador.

Usted contaba las monedas cuando, de repente, oyó una voz:

—**El diezmo.**

—¿Qué?

—**No olvides el diezmo.**

Era aquel viejecito de brillo dorado. Vestía una túnica parecida a la que llevaba en la esquina, aunque más vieja, larga y ancha.

Al ver su expresión de incredulidad y confusión, el viejo repitió la frase de la tarde anterior, con voz pausada, suave y, con todo, desafiante:

—**Mi Padre está en el cielo, y el reino de Dios está dentro de nosotros.**

Y siguió su camino. *Usted* aún tuvo tiempo de preguntarle:

—Si Dios está dentro de mí, ¿es correcto entonces que guarde para mí un diezmo de lo que gano?

El anciano se detuvo, observó a *Usted*, sonrió y le dijo:

—**Está escrito en la Biblia: «Una parte de lo que ganas la debes guardar para ti». Pero recuerda que no estás solo en el mundo. Piensa también en el diezmo universal, aquel que has de dar a Dios. Distribúyelo entre los necesitados.**

Mientras *Usted* se afeitaba, le preguntó a la imagen que de él le devolvía el espejo:

—¿Cómo hacerlo? Si a penas me llega para pasar el mes, ¿cómo conseguiré guardar algo?

Pero cuando se cepillaba los dientes vio algo claro:

—**El diez por ciento. ¡Tan pronto como me paguen!**

Se había despertado antes que de costumbre y aún recordaba con nitidez aquel sueño. Se sentó en el escritorio y se dispuso a rehacer el presupuesto familiar.

Para empezar, anotó todo lo que tenía y dedujo el diez por ciento. El diezmo. Con el noventa por ciento que le quedaba planificó de nuevo los pagos básicos. Recortó los gastos, dedicó otro diez por ciento a la Iglesia y, al final, anotó en su agenda, junto al presupuesto, la frase: «*Aumentar los ingresos en un 100 por ciento*».

Hasta entonces, *Usted* tenía la imagen de que siempre que cobraba algún dinero pagaba a todo el mundo, menos a sí mismo, que era en realidad quien había trabajado para ganarlo. Estaba claro que la gente y las empresas que le habían ofrecido un servicio o vendido un producto también habían trabajado para *Usted* y debían cobrar, pero eso ya no bastaba. Y le vino a la cabeza este pensamiento:

«¿Y para mí, que trabajé para ganar ese dinero, no ha de quedar nada?».

Hay momentos en los que las coincidencias vienen una tras otra y parece que quisieran decirnos algo, atraer nuestra atención hacia alguna cuestión en concreto. Y así, viajaba

La verdadera prosperidad consiste en vivir tu vida de la manera en que te gustaría vivirla.

Usted en el autobús, entretenido con el periódico, cuando vio la noticia de un predicador estadounidense que aparecía por televisión, y decía:

«Mandadme el diez por ciento de lo que ganáis y os haréis ricos».

«Desde hace más de veinte años, mucha gente manda dinero al pastor Robert Schuller —decía la nota de prensa—. Cada semana el predicador recibe cartas con testimonios de telespectadores de todo el país en las que explican que su situación económica ha mejorado ostensiblemente, a ojos vistas.»

«La razón es sencilla —explicaba un especialista en autoconocimiento entrevistado por el periódico—. **Cuando una persona envía ese diezmo lo hace en beneficio de su propia prosperidad, y está diciendo a su cerebro: "Tengo tanto que puedo desprenderme del diez por ciento".** De este modo, esa persona está creando una conciencia de prosperidad.»

Usted pensó que aquel razonamiento era muy válido. Parecía que el viejecito de la esquina, el del sueño, le estaba mandando una serie de mensajes encadenados.

«Si esto es así, si sirve de algo dar el diezmo a alguna iglesia, a un partido político, a una asociación o a una persona, también debería servir dárnoslo a nosotros o, mejor aún, hacer las dos cosas», pensó Usted.

Así que decidió ponerlo en práctica. Una fuerza interior como nunca antes había experimentado le daba alas a *Usted* para probarlo. A eso de las diez de la mañana, salió de la oficina y se dirigió a su banco. Pagó algunas facturas, pidió el saldo y retiró su diezmo. Al salir de allí, movido por un impulso, *usted* entró en una casa de cambio e invirtió parte de ese dinero en divisas de poco valor de varios países: compró libras esterlinas, yenes, marcos y dólares. Hizo un montón con todos los billetes y los guardó en el bolsillo de la camisa. A penas podía contener las ganas de contarlos.

Decidió que lo haría en horas de oficina, cuando hubiera poco movimiento. Trabajaba como supervisor en el departamento comercial de la empresa. Tenía a su cargo documentos fiscales, los informes de los vendedores y las fichas de los clientes, pero no manejaba directamente dinero. Incluso cuando tenía que pagar sus facturas prácticamente sólo utilizaba cheques o la tarjeta de crédito. Nunca antes había sentido el placer que experimentaba ahora al manejar su diezmo. No era mucho, todavía, pero mientras lo contaba y lo volvía a contar tuvo la certeza de que aquel fajo de billetes atraería más. Mucho más.

> Los mejores dividendos se obtienen invirtiendo en conocimiento.
>
> *Benjamín Franklin*

Mientras pensaba esto se acordó del anciano. Dio una excusa y bajó a ver si lo encontraba en la esquina.

No fue así. Sirviéndose de los más variados pretextos, *Usted* volvió a bajar a la calle más veces, pero el viejecito no aparecía. Cuando ya iba por la séptima vez (en la oficina ya empezaban a extrañarse de que saliera tantas veces el mismo día) y había perdido la esperanza de encontrarlo oyó su voz, inconfundible, que pronunciaba la misma frase del sueño:

«Una parte de lo que ganas la debes guardar para ti».

Se dio la vuelta rápidamente en dirección a la voz, pero el anciano ya no estaba allí.

Perplejo, *Usted* preguntó a varias personas si lo habían visto, si lo conocían, si sabían de dónde venía o quién era, pero nadie sabía de qué viejecito se trataba. Ni los vendedores de la tienda de enfrente, ni el mendigo de la otra esquina, ni el cajero de la cafetería ni el policía de tráfico.

Nadie había visto a ningún viejo con una túnica dorada. Ni ese día ni el anterior ni nunca.

La diferencia entre lo ordinario y lo extraordinario a veces es mínima.

Preguntas que vale la pena responder

1. ¿Qué representa para ti el diezmo?

_____

2. ¿Qué parte de lo que ganas guardas para ti?

_____

3. ¿Si ganaras el doble, cómo cambiaría tu vida?

_____

4. ¿Cuál fue la última vez que practicaste un acto de caridad?

_____

5. ¿Cuál fue la última vez que practicaste un acto de generosidad?

_____

6. ¿Conoces la diferencia entre caridad y generosidad?

_____

7. ¿A qué institución dedicarías un diezmo de tu sueldo?

_____

Experimentar otras dimensiones

uando llegó a casa, *Usted* guardó el dinero en el último rincón del cajón del escritorio.

Durante el baño se puso a pensar:

«¿Me estaré volviendo loco? ¿O será verdad que ese viejo viene de otra dimensión para revelarme algún secreto?».

Recordó entonces la escena de una película de piratas de su infancia: un marinero viejo y de largas barbas le daba a un niño que paseaba por el puerto un trozo del mapa de un tesoro.

Pensó que sería mejor no contar nada a nadie sobre el viejo de la esquina y el sueño, pues ni él mismo lo entendía. Jugó con sus hijos, habló con su mujer, se estremeció un poco con las noticias de la televisión, volvió a contar el dinero que había apartado, se lavó las manos y la cara y se echó a dormir.

Tenía la sensación de que aquella noche habría un nue-

vo contacto. Sería mejor que se quedara tranquilo, que evitara la ansiedad. Puso una música relajante, procuró no pensar demasiado y se quedó dormido.

Y así fue. De pronto, *Usted* empezó a soñar, a ver aquellos puntitos luminosos que bailaban encima de la cama.

Pero en esta ocasión se acercaron a la oreja de *Usted*, quien pudo oír con claridad:

—Te espero en aquella esquina.

No se lo pensó dos veces. Se levantó, aún en sueños, se vistió deprisa y salió sin hacer ruido.

Pasó con el taxi por aquella esquina, pero él no estaba. De modo que dejó el vehículo dos manzanas más allá y volvió andando rápido. Allí estaba.

—¿Quién es usted, señor?

—El Señor está en el cielo. Puedes hablarme de tú.

—¿Has sido tú quien me ha llamado?

Sonrió, como si lo invitara a tomar aliento, pues *Usted* había llegado jadeando. Instantes después el anciano

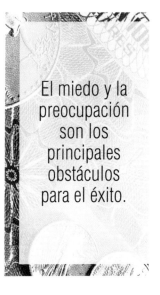

El miedo y la preocupación son los principales obstáculos para el éxito.

echó a andar poco a poco, y le hizo señas para que se colocara junto a él.

Cuando *Usted* dobló la esquina con el viejo, miró alrededor asombrado, sin entender nada. Era una paisaje totalmente distinto. En lugar de los edificios y de las calles por las que pasaba cada día, *Usted* veía ahora bajo un cielo estrellado un valle verde y florido, resplandeciente a la luz de la luna. En lugar de los pitidos de los coches y los rugidos de los motores, oía cómo el agua caía por una pequeña cascada del río que corría cerca del camino. En las piedras del río, un brillo cristalino.

—**El Universo es rico y abundante** —le dijo el anciano cuando lo vio más tranquilo. Y se quedó en silencio otra vez, como si esperara una respuesta. Pero *Usted* insistió:

—¿Quién eres?

—**¿No me presenté ya en el primer contacto?**

—*Vanguardia...*, ¿es ese tu nombre?

—**Lo es. ¿Lo encuentras extraño?**

—Hombre...

—**¿Y el tuyo, *Usted*?**

Tampoco es que su nombre fuera de lo más común, pero nada de aquello importaba en un momento como aquél. *Usted* respiró hondo y esperó a que el viejo siguiera hablando.

—**La riqueza del Universo se manifiesta de infinitas formas, de distintas maneras, incluso a**

través de ti y de mí. **Cada uno de nosotros tiene el poder de crear una parte de esa riqueza y de disfrutar de la abundancia que el Universo nos ofrece.**

—Pero se trata de una riqueza que no puede comprarse con dinero, ¿verdad? –le pregunté, pues quería saber si podía fiarse de sus intuiciones en cuanto a los diezmos.

—**El dinero nos permite hacer cosas que no podríamos comprar con él. Tiene mucho más valor del que aparece escrito en el billete o en un extracto de cuenta bancaria. Es el medio del que se sirve el hombre para entrar en contacto con esa riqueza. Es un vehículo que nos lleva a ella. Transmite un mensaje de gran poder, es un pasaporte para disfrutar de la abundancia que hay en el mundo y, al mismo tiempo, nos enseña cómo manejarla. El dinero es una representación de la energía vital.**

El anciano percibió un gesto de extrañeza en *Usted* y se apresuró a añadir, adivinando el motivo de sus dudas:

—**No es un pecado que te guste el dinero, aunque mucha gente lo crea. No hay problema tampoco con tener la ambición de ganar mucho dinero y ser rico. De hecho, estos sentimientos son muy positivos si van dirigidos hacia la felicidad y la realización. Ser ambicioso**

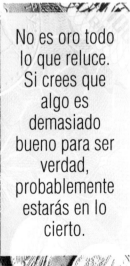

No es oro todo lo que reluce. Si crees que algo es demasiado bueno para ser verdad, probablemente estarás en lo cierto.

es estupendo cuando se juega al juego del *ganar-ganar.*

—¿De qué juego estás hablando?

—Es el juego de la creación permanente, el de la vida. El Universo es en potencia un lugar abundante. Hay para todo el mundo. Se ha construido para que todos ganen, para que todos crezcan y disfruten. Cuando alguien juega a ganar a costa de que otro tenga que perder, está provocando un desequilibrio ecológico en el Universo. Jugar en términos de «yo gano y tú pierdes» no es provechoso para nadie, porque así se consume más energía de la que se crea. No es una acción que esté en sintonía con el Universo, es un acto entrópico. Y entropía es lo contrario de sintropía, que es la manera en que los seres evolucionan en el Universo.

Entropía, sintropía. *Usted* estaba perplejo con el vocabulario del anciano. Pero decidió seguir adelante con la conversación; más tarde, en el diccionario, ya averiguaría el significado de estas palabras.

—¿Quieres decir que todos podríamos ser ricos?

—Sólo si todos fuéramos prósperos. La prosperidad es algo muy distinto de la riqueza, es mucho más. La prosperidad individual es la armonía con la prosperidad del Universo. Y una de las consecuencias más inmediatas de esa sintonía espiritual con el Universo es la prosperidad material, es decir, el poder de ganar más dinero.

—¿Ganar dinero es disfrutar de prosperidad?

—**La prosperidad no es sólo riqueza, es también salud y amistad. No sirve de nada dedicarse a acumular dinero, pues por sí solo no resuelve nada. Es necesario tener salud para disfrutarlo y para hacer que siga produciendo más riqueza. Y de nada sirven sólo el dinero y la salud, si no se tiene amistad ni bienestar ni la energía necesaria para generar más riqueza. La prosperidad es utilizar la riqueza para el propio bienestar y para el de los demás.**

—¿El dinero no trae prosperidad?

—**No. La prosperidad trae dinero. Te encontrarás en la vida con gente rica que se comporta como si fuera pobre. Si una persona es rica pero no próspera, su dinero se le acaba y ya no volverá a ser rica nunca más.**

—Pero resulta muy difícil ser próspero cuando no se tiene dinero, ¿verdad?

—**No, no lo es. Porque la prosperidad es un estado mental. No dependemos del dinero para ser prósperos. Si fuera así, si fuera tan difícil, no nos encontraríamos con esos inmigrantes que llegan a un nuevo país completamente pobres, sólo con la ropa que llevan puesta, después de perder todos sus bienes en alguna guerra en su país de origen, y que al cabo de pocos años se han convertido de nuevo en millonarios.**

—¿Cómo lo consiguen?

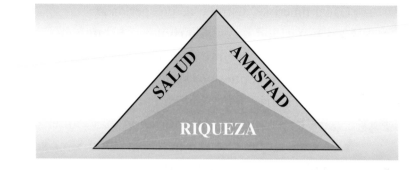

SALUD AMISTAD

RIQUEZA

—Lo han conseguido aquellos que desembarcaron en la tierra escogida con *conciencia de prosperidad*. Con la firme convicción de que iban a vencer. Cuando adquieras *conciencia de prosperidad*, el dinero se manifestará en tu vida en el momento que lo desees. Y conseguirás también que se manifiesten en ti la salud, el bienestar y la felicidad, porque estarás generando riqueza en el Universo.

—¿Y cómo puedo hacerlo?

—Haciendo más con menos. Produciendo más con menos esfuerzo. Haciendo que el dinero trabaje para ti y no que tú trabajes para el dinero.

—Pero ¿cómo?

—Para seguir el camino de la prosperidad a veces el problema no es el dinero. Hay mucha gente que tiene dinero y no es próspera. En este caso, esa gente tendría que trabajar los demás aspectos: productividad y creatividad, armonía, salud, bienestar...

—Pero, en mi caso, el dinero es un problema —lo interrumpió *Usted*. Y el viejo sonrió.

—El primer paso consiste en hacer las paces con el dinero, trabar amistad con él. Si eres de los que piensan que el dinero es algo sucio y te lavas las manos cada vez que lo tocas, ¿para qué lo quieres? Tu mente hará todo lo posible para satisfacer tus sentimientos y te mantendrá pobre. Así pues, para empezar a ser próspero procura hacer amistad con el dinero.

El anciano sonrió con picardía y su cabeza quedó bañada por una luz dorada. Era el sol, que se reflejaba en su rostro. Con voz musical añadió:

—A partir de ahora, cada día recibirás mensajes que te servirán de orientación para que alcances la prosperidad.

Usted recordó su dormitorio cuando se dio cuenta de que empezaba a salir el sol. Casi de inmediato se encontró allí. Pudo ver la mesita de noche con el despertador que indicaba las seis de la mañana y el cajón del escritorio en el que había guardado el dinero. En la cama, su mujer estaba junto a él; ambos dormían. Parpadeó y entonces despertó.

¿Y todo aquello de que se vestía, salía de casa y buscaba un taxi para encontrarse con *Vanguardia* en una esquina del centro de la ciudad? ¿Sólo se trataba de un sueño?

Preguntas que vale la pena responder

1. ¿Qué cambios crees que debes hacer en tu modo de vida?

_____

2. ¿Qué es lo que aún no has hecho y que sabes que tendría una influencia positiva en tu modo de vida?

_____

3. ¿Crees que hay en ti una fuerza oculta que todavía no ha sido explotada?

_____

4. ¿Qué valor le das al dinero?

_____

5. ¿Qué significa la prosperidad para ti?

_____

6. ¿Es lo mismo ser próspero que ser rico?

_____

7. ¿Cuál es el principal sueño de tu vida?

_____

Lo semejante se atrae

equeñas anotaciones de escritura apretada en los resguardos de los talones del banco, extractos de cuenta, tarjetas de crédito, los pagos pendientes y las notas de la agenda, además de la declaración del impuesto sobre la renta que todos los años le ocupaba algunas horas y mucha paciencia. La actividad económica de *Usted* se resumía prácticamente en estos papeles. Contar dinero no era un hábito corriente en su vida.

Por eso Evagard, la esposa de *Usted*, se extrañó cuando lo vio sentado ante el escritorio contando aquel fajo de billetes en moneda extranjera.

—¿Qué es esto?

—Es dinero, y ahora sólo lo guardo para contarlo.

—¿Para qué?

—Ya sabes: si quieres tener amistad con alguien, una relación más íntima con esa persona, no basta con tener un

Conciencia de prosperidad: la habilidad de funcionar sin esfuerzo y de un modo conveniente en este Universo, con o sin dinero.

contacto con ella a través de notas y mensajeros. Con el dinero ocurre lo mismo. Esto de aquí es un pagaré, una garantía de la riqueza del país que emitió este billete, ¿estás de acuerdo? No en vano la gente lo llama «dinero contante y sonante». Cada uno de estos billetes tiene un valor simbólico especialmente fuerte. Son símbolos directos y portátiles de riqueza económica.

Se sorprendió ante esas palabras como sorprendida estaba su mujer, porque *Usted* nunca había pensado ni hablado de esta manera. Y, en ese momento, mientras lo hacía, tenía presente la figura de *Vanguardia*. Era como si el anciano estuviera susurrándole pensamientos directamente en la conciencia.

Entonces *Usted* tuvo la sensación de que estaba haciendo un curso intensivo y que el profesor era exigente. Nombre del curso: Prosperidad. Primera lección: trabar amistad con el dinero. ¿Adónde lo conduciría todo aquello?

Lo SEMEJANTE se atrae.

Este curso intensivo incluía numerosas coincidencias. En el autobús, sentado junto a él había un niño que leía tebeos. *Usted* seguía pensando en las cosas que le había dicho a su mujer acerca del dinero contante y sonante cuando se dio cuenta de que la revista del niño estaba abierta exactamente por una página en la que aparecía un dibujo del tío Gilito zambulléndose en el dinero de su caja fuerte.

«Qué imagen tan absurda, ese millonario acumulando monedas y billetes en una gigantesca caja fuerte en unos momentos difíciles para la economía», pensó *Usted*.

«Pero resulta interesante como metáfora del comportamiento de los millonarios enamorados del dinero —respondió de pronto un pensamiento espontáneo (era *Vanguardia*)—. **Muchos millonarios guardan siempre algo de dinero y joyas en una caja fuerte, ya sea en su casa o en el banco. Quienes tienen esta costumbre suelen abrir la caja de vez en cuando para contar su contenido, para comprobar que su pequeño tesoro sigue ahí. Manosear el dinero es importante, porque proporciona una sensación directa, palpable, de que se tiene dinero. Esa sensación se transmite directamente al hemisferio derecho del cerebro y allí es llevada a niveles más allá de la conciencia... Es algo que queda indeleblemente implantado en tu estructura psicológica.»**

Comenzar no siempre es tan fácil como parece. Cuando empezamos algo, nos estamos diciendo a nosotros mismos: «Es para mejor». Sin principio no existe ni punto medio ni fin.

Cuando salió de la oficina para ir a comer, *Usted* pasó por la esquina y allí estaba el anciano. Se saludaron como viejos amigos, sin decir nada; echaron a andar por la calle llena de coches y edificios, esta vez sí, y se pusieron a hablar. *Usted* comentó la conversación que había tenido con su mujer aquella mañana y le explicó el dibujo del tío Gilito que había visto en el autobús. El viejo apenas sonrió, como si ya lo supiera...

Vanguardia parecía dispuesto a hacer un repaso de la primera lección, pues volvió a hablar de todo lo que *Usted* había asimilado el día anterior.

—**Guarda siempre en el bolsillo dinero contante y sonante. Billetes grandes, preferentemente. Y siempre que puedas, cuando el lugar y el momento lo permitan, cuéntalo y vuélvelo a contar con placer, siente cariño por el dinero que guardas en tus manos, ten hacia él pensamientos positivos, y confía en el poder de atracción, como el de un imán, que tendrá para ti. Un imán de dinero.**

—¡Ah, si fuera así, los cajeros de banco serían millonarios!

—**Te equivocas, porque mientras el cajero cuenta el dinero piensa que es de otros. Otra cosa sería si se mentalizara de que tiene todo aquel dinero, pues probablemente entonces el Universo dispondría las cosas para que en poco tiempo estuviera contando cada vez más su propio dinero.**

—Pero, ¿no es peligroso ir por ahí con tanto dinero en el bolsillo? De acuerdo que dinero llama dinero, pero llevarlo encima, en la calle, ¿no atraerá a los ladrones?

—Tal vez. **Pero todo depende de nuestra actitud mental. ¿Sabías que el miedo a que te asalten es el imán más poderoso para atraer ladrones? Mira: se realizó un estudio con doscientas personas, la mitad de las cuales había sido asaltada en la calle y la otra mitad, no. El resultado fue clarísimo: de las cien personas asaltadas, todas tenían miedo antes del asalto. De las otras cien personas, la gran mayoría no temía los robos.**

—De acuerdo, pero sólo un loco no tomaría precauciones en estos días que corren...

—**Bien, pero hay una gran diferencia entre precaución y paranoia. Quien vive preocupado por la seguridad, aquel que coloca mil cerraduras y cerrojos en casa y va por ahí armado o contrata servicios de seguridad, acaba siendo más propenso a la inseguridad, tantas son las vibraciones negativas que atrae en ese sentido.**

—¿Y qué debo hacer en caso de no poder evitar un robo?

—**Quedarte tranquilo, es la manera. La frase «la bolsa o la vida», que se pone en boca de los ladrones, define bien esta situación. Si tuvieras que escoger entre la bolsa y la vida, ¿qué harías? Piensa sólo que con la bol-**

sa (el dinero) no se puede comprar la vida de la persona que muere, pero la persona viva siempre podrá producir más dinero. Así que, si te roban, di para ti: «De donde viene ese dinero, hay más». El ladrón estará encantado, pero quien saldrá ganando serás tú.

—¿Y el diezmo? —cambió de tema *Usted*—. ¿De dónde viene esta historia del diez por ciento?

—**Busca en libros de simbología o de cábala el significado del número diez, y saca tú mismo las conclusiones** —dijo, sin dar más explicaciones, y recuperó el hilo de la conversación—. **Regalarte a ti ese diez por ciento de todo lo que ganas tiene un sentido simbólico profundo y milenario, ejerce un gran poder sobre nuestra actuación en el mundo. Es un acto enraizado hace mucho tiempo en la mente humana. Créeme, ese diezmo viene a ser un auténtico imán de dinero.**

—¿Y sólo puedo contarlo?

—**No, claro que no** —rió el anciano ante la ingenua pregunta del discípulo—. **Eso era la primera lección. Ahora tienes ese imán en el bolsillo, no te deshagas de él. En adelante, ahorra tu diezmo personal, inviértelo de manera segura, en comprar bienes inmuebles, por ejemplo. Pero sólo en bienes que permanezcan, que duren toda la vida o que puedas cambiar cuando quieras tener bienes aún más valiosos. No inviertas ese dinero en nada que pueda irse abajo, arruinarse o depreciarse.**

Y recuerda también el diezmo de Dios. Al César lo que es del César, y a Dios lo que es de Dios.

Cuando llegaron frente al restaurante, *Vanguardia* decía:

—Si cuidas de tu imán de dinero y respetas siempre el compromiso del diezmo para ti, recibirás del Universo mucho más de lo que tengas guardado. Aunque también tendrás la responsabilidad de retribuir.

Usted se quedó pensativo unos instantes.

«¿Querrá entrar a comer conmigo?», se preguntó. Pero miró a un lado y a otro y el viejo había desaparecido. Intentó disimular su sorpresa, pues se daba cuenta de que durante el paseo por la calle nadie lo había visto. Sólo él.

Usted comió deprisa y así tuvo tiempo para pasar por la biblioteca antes de volver a su oficina. Abrió un diccionario de simbología y anotó algunos significados que el libro daba al número 10:

«*Para los pitagóricos la decena era el más sagrado de los números, el símbolo de la creación del Universo, y sobre él prestaban juramento con esta invocación: "A Tetraktys, en quien se*

> Es imposible resolver los problemas económicos con dinero. Los problemas económicos se resuelven con imaginación.

encuentran la fuente y la raíz de la eterna Naturaleza". Si todo procede de ella, todo vuelve a ella, y es entonces, también, una imagen de la totalidad del movimiento.»

«Totalizador, más allá de todo, el número diez aparece en el Decálogo, que simboliza el conjunto de la ley en los diez mandamientos, que se resumen en uno.»

> ## NO AYUDARÁ A LOS POBRES ELIMINAR A LOS RICOS.
>
> ### ABRAHAM LINCOLN

El futuro pertenece a aquellos que creen en la belleza de sus sueños.

1. ¿Cómo te relacionas con el dinero?

_____

2. ¿Cómo te sientes cuando cuentas dinero?

_____

3. ¿Crees en la numerología?

_____

4. ¿Qué harías para que el dinero trabajara para ti en lugar de trabajar tú para el dinero?

_____

5. ¿Crees que podrías resolver tus problemas económicos con dinero?

_____

6. ¿A qué bien material te sientes más apegado?

_____

7. ¿Qué ocurriría si lo perdieras?

_____

SOLAMENTE HAY UNA RELIGIÓN:
LA RELIGIÓN DEL AMOR

SOLAMENTE HAY UNA RAZA:
LA RAZA DE LA HUMANIDAD

SOLAMENTE HAY UN
LENGUAJE: EL LENGUAJE
DEL CORAZÓN

SOLAMENTE HAY UN DIOS
Y ES OMNIPRESENTE

SAI BABA

or favor, respóndeme a esta pregunta: ¿Serías capaz de andar sobre esta tabla sin perder el equilibrio?

—¡Claro que sí!

La tabla medía dos metros de largo y cuarenta centímetros de ancho, anchura suficiente para que cualquier persona pudiera andar por ella sin dificultad. Y, además, la tabla estaba en el suelo.

—Estupendo. Entonces, no te importará caminar sobre ella, aunque lo hagamos en otro lugar.

Vanguardia sonrió, hizo un pase mágico y en un instante se encontraban en la azotea de un edificio. Era una de las *Twin Towers*, las famosas Torres Gemelas de Nueva York. Sin que *Usted* tuviera tiempo siquiera de asustarse, el anciano le propuso:

—Es la misma tabla, con la diferencia de que ahora se encuentra entre dos rascacielos, como si fuera un puente. No hay viento y la tabla está bien fijada. ¿Te atreves a cruzarla?

Usted dirigió una mirada hacia abajo y vio el tráfico y los minúsculos coches de Wall Street. Miró alrededor y comprobó que las demás azoteas, incluso la torre del Empire State Building, quedaban muy abajo, pues se encontraban a una altura de cuatrocientos metros. Y andar por la tabla empezó a parecerle una temeridad.

«¿Me caeré? ¿Perderé el equilibrio? ¿Soplará el viento? ¿Resbalaré? Y eso que es la misma tabla de buena anchura que parecía tan fácil de pasar hace unos instantes…»

—¿Sabes por qué tienes miedo ahora? Porque en tu cabeza está teniendo lugar una conversación. Ese diálogo interno, el *self-talk*, determina nuestros éxitos y fracasos. Son los pensamientos negativos que albergas lo que hacen que desaparezca tu habilidad física para pasar por la tabla. Si te enfrentas a cualquier situación de la vida lleno de dudas y de inseguridad, tus oportunidades de salir victorioso serán mínimas.

Usted recordó entonces una frase de Henry Ford que había leído hacía poco en un libro: «*Tanto si piensas que puedes como si piensas que no puedes, tendrás razón*».

De vuelta a casa, por la noche, *Usted* no dejaba de pensar en todo lo que le había sucedido durante el día, y así se fue a dormir. En esta ocasión no fueron necesarios los puntitos brillantes ni el encuentro en la esquina. Fue quedarse dormido en la cama y *Usted* despertó de inmediato en el mismo valle por el que había paseado la noche anterior con *Vanguardia*. Un paisaje que resplandecía en ese momento con brillos dorados, el mismo amanecer que había visto la víspera poco antes de volver a la cama, justo al despertar. Era como si el tiempo se hubiera detenido, como si no pasara nunca. *Timeless*. Eternidad, presente absoluto.

Tan pronto se veían en la azotea más alta de Nueva York como volvían al valle florido, sentados en aquel momento sobre una gran piedra, junto al río de aguas cristalinas.

 —Los valores que vamos integrando desde nuestra infancia permanecen con nosotros toda nuestra vida, aunque no nos acordemos de ellos, y participan activamente en el diálogo interno que nos convence de nuestras posibilidades de conseguir o no cualquier cosa en el vivir diario.

Mientras hablaba, *Vanguardia* entregó a *Usted* una hoja de papel y a continuación le propuso un ejercicio:

—Actuando del mismo modo que el miedo a caer de la tabla cuando estaba tendida entre los dos rascacielos, debe de haber en ti determinadas ideas que

actúan en tu diálogo interno en relación a la prosperidad. Son conceptos acerca del dinero y la riqueza, que te inculcaron ya en tu infancia y que ahora, de algún modo, tal vez te estén diciendo que no atravieses la tabla en dirección a la prosperidad porque no conseguirías llegar. Respira profundamente varias veces, relaja el cuerpo y la mente, recupera en tu memoria esos valores sobre el dinero y la riqueza y escríbelos, con frases cortas, en estas líneas.

—**Aprovecha esta oportunidad. ¡Escríbelo! Tienes una oportunidad única** —insistía *Vanguardia* al ver que *Usted* todavía dudaba.

Entonces *Usted* recordó la historia del camello y preguntó:

—Los ricos no van al cielo. ¿Frases como estas son las que tengo que escribir?

—**Eso es** —respondió el anciano, dándole ánimos—. **Sigue recordando conceptos como este que interfieren en tu idea de prosperidad. ¡Adelante!**

(Y tú, que estás leyendo estas páginas, hazlo también. Coge un lápiz o un bolígrafo y escribe en las líneas del recuadro o en una hoja de papel, como si estuvieras hablando con *Vanguardia*. En realidad, estás manteniendo esta conversación con él desde el instante en que abriste este libro. ¡Aprovecha tú también esta oportunidad que te ofrece la vida! Antes de seguir adelante y leer las frases que ha escrito *Usted*, nuestro personaje, escribe las tuyas y saca a continuación tus propias conclusiones.)

El dinero no crece en los árboles.

El dinero no trae la felicidad.

Los ricos no van al cielo.

El dinero es sucio y genera corrupción.

Bienaventurados sean los pobres, pues son sencillos y puros.

Usted escribió cinco frases y entregó el papel a *Vanguardia*.

—**No tienes por qué mostrármelo** —le respondió el anciano—. **Muéstratelas a ti mismo, y procura recordar cómo estas creencias pasaron a formar parte de tu sistema de valores. Ahora, en el mismo papel, responde las preguntas que te voy a hacer.**

Usted cogió otra vez el papel y el lápiz y respondió por escrito a las preguntas que le hacía *Vanguardia*.

—**¿Tú solo concebiste estas ideas o te las inculcó otra persona? Si es así, ¿quién te las transmitió?**

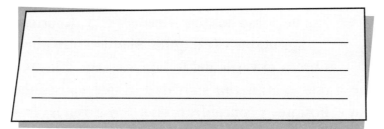

—**¿Cómo crees que estos valores afectan a tu vida? ¿Te limitan en tu búsqueda de la prosperidad o te dificultan el logro de alguna meta?**

—¿Quieres librarte de los valores que se interponen en tu camino hacia la prosperidad? —le preguntó, desafiante, *Vanguardia*.

—¡Claro que sí! Por eso estoy aquí.

—Entonces, adelante. **En primer lugar, siéntate de forma que estés cómodo y relajado. Respira despacio y procura que tu mente se vea libre de pensamientos.**

Usted seguía, confiado, las instrucciones de *Vanguardia,* que le pedía que visualizara una escena para esta experiencia interior. (Tú también puedes hacerlo, lector; ¡vale la pena!)

—Imagina que paseas tan tranquilo por un hermoso bosque. Alrededor, la atmósfera es agradable y tranquila. Siente el aire puro, admira el verde del follaje, escucha a los pájaros que cantan con suavidad. Sigue «paseando por el bosque» y concéntrate en la frase o en las frases de las que te quieres librar. Llegas al linde del bosque y te encuentras con una encantadora playa. Te sientas en la arena y piensas en la frase, una vez más; en ese instante se acerca un globo que acaba por posarse junto a ti. Visualiza las frases de las que te quieres desprender empaquetadas para un viaje y mete el paquete dentro del globo. Ahora, deja que el globo se vaya, que suba hacia el cielo y se aleje cada vez más.

Concentrado en el ejercicio y con los ojos cerrados, *Usted* ve cómo el globo desaparece por el horizonte, llevándose consigo los valores que desde hacía tanto tiempo, y sin que lo supiera, bloqueaban su andadura hacia la prosperidad. Todos los esfuerzos que *Usted* había hecho hasta entonces en ese sentido —trabajar de forma estresante procurando producir más que los demás— se estrellaban en esas barreras internas. Como pensaba que el dinero era sucio, se las arreglaba para no tenerlo. Como creía que sólo los pobres podían ser en realidad felices, procuraba seguir siendo pobre. Pero con un sencillo ejercicio de visualización, *Usted* conseguía mandar todas aquellas creencias a la estratosfera.

—Ahora, contempla cómo el globo empieza a volver hacia ti. Se acerca a donde estás y acaba posándose a tu lado. Miras dentro del globo y compruebas que te ha traído frases nuevas, muy distintas de aquellas que mandaste lejos. Esas frases dicen: El dinero crece como los árboles; el dinero contribuye a la felicidad; el dinero es limpio y nos ayuda a estar sanos y a ser felices; el Universo es próspero; el ser humano ha nacido para ser próspero.

Todo aquello que das al Universo, representado por todos los seres que lo habitan, volverá a ti antes o después multiplicado.

69

(A ti, lector, te pediría que escribieras en las líneas que siguen nuevas frases con este enfoque positivo acerca del dinero y la prosperidad.)

¿Y ahora qué? Antes de que la pregunta saliera de *Usted*, *Vanguardia* ya respondía, y completaba así el ejercicio.

—**Observa el espacio vacío que en tu interior han dejado aquellas ideas que has sacado de tu mente como quien vacía un armario. Ahora, ese espacio lo llenan nuevas ideas, que han dejado huella en tu estructura psicológica. Empiezas a iluminar ese mismo espacio con luz dorada; es una luz que brilla intensamente y llega a cada célula, cada tejido, cada órgano de tu cuerpo, y afirma en ti los sentimientos positivos; es una luz que irradia, desde tu**

cerebro, ese color dorado que es el símbolo de la prosperidad.

El brillo del Sol bañó su rostro justo en esta fase del ejercicio; un reflejo de luz dorada inundó su interior tras los ojos cerrados. Con el primer resplandor de la mañana entrando por la ventana y brillando en su almohada, *Usted* se despertó animado para enfrentar un nuevo día.

GANÉ **51** CARRERAS DE FÓRMULA **1** PRESTANDO MUCHA ATENCIÓN A LOS DETALLES

ALAIN PROST

Recuerda que si no eres grande antes de ocupar el cargo, ocuparlo no te hará grande; serás tan sólo una criatura que adopta aquella forma.

Russell Conwell

Preguntas que vale la pena responder

1. ¿Qué es lo que te gustaría hacer y no haces por miedo?

_____

2. ¿Qué necesitarías para perder el miedo?

_____

3. ¿Cuál ha sido el mayor éxito de tu vida?

_____

4. ¿Qué pensaban tus padres del dinero cuando tú eras pequeño?

_____

5. ¿Cuál es la cosa de la que más te arrepientes?

_____

6. ¿Qué has aprendido hasta este momento, que sea importante, leyendo este libro?

_____

Soltar las amarras

ómo me siento con las cosas de cada día después de haber permanecido en un tiempo en el que todo es presente, incluso el pasado y el futuro?» Esa pregunta se hacía *Usted* mientras se dirigía al trabajo. «Lo que siento —se respondía a sí mismo— es una actitud distinta en relación al aprovechamiento del tiempo: valoro más estar en cada momento.»

Su intuición estaba suficientemente avivada para que el proceso de aprendizaje siguiera durante todo el día, incluso en los momentos más triviales. Un detalle en el trabajo, un comentario oído al azar, el fragmento de una canción que alguien silbaba, todo parecía estar relacionado con el «cursillo intensivo» que *Usted* estaba siguiendo bajo la orientación de *Vanguardia*.

—¡La manera es correr contra el reloj, contra el tiempo, porque el tiempo es dinero!

Usted hubiera encontrado normal esta frase poco antes. La había pronunciado su jefe durante una reunión de trabajo en la que se discutían los preparativos para el lanzamiento de un nuevo producto por parte de su empresa. Pero en ese momento aquello le sonaba como la idea más absurda del mundo, y protestó:

—Tenemos que correr a favor del tiempo, ¡nunca contra él! Si el tiempo es dinero, ir contra el tiempo significa ir también contra el dinero.

Se creó un clima enrarecido en la reunión, sobre todo porque *Usted* no solía mostrar su disconformidad de aquella manera. Pero ahí no quedó la cosa: empezó a criticar varios aspectos del proyecto, propuso optimizar esfuerzos y «hacer más con menos». Defendió una reforma completa de la planificación y añadió que era necesario que la empresa arriesgara más para no perder cuota de mercado.

Su jefe lo miró y *Usted* decidió callarse, escuchar más y, mientras, guardar para sí aquellos pensamientos, al menos hasta que tuviera mejor definido aquel proyecto personal que empezaba a tomar forma. La prosperidad empezaba a afianzarse en su mente y empezaría pronto a pedir medidas concretas para manifestarse.

Vanguardia le había mostrado la manera de librarse de los valores negativos que bloqueaban su camino hacia la prosperidad, pero *Usted* tenía la sensación de que faltaba algo. El mal ambiente que se creó entre *Usted* y su jefe después de aquella reunión ponía de manifiesto que había componentes emocionales en su relación con la autoridad que todavía debía trabajar. Y eso estaba relacionado con la manera en que lo habían criado.

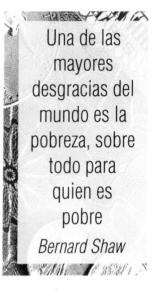

Una de las mayores desgracias del mundo es la pobreza, sobre todo para quien es pobre
Bernard Shaw

Por eso aquel día decidió no ir a comer y buscar un lugar solitario donde pudiera meditar acerca de estas cuestiones. Y mientras lo hacía pensaba en *Vanguardia* y le pedía que lo orientara. Sin saberlo, *Usted* se dirigía a un nuevo encuentro que él mismo había solicitado.

Estaba sentado sobre la hierba de un parque y, aunque no llegó a ver las bolitas brillantes que aparecieron en su habitación, las recordó con sorprendente nitidez, como si estuvieran allí mismo, en una dimensión invisible. Cerró los ojos y sintió que el hemisferio derecho de su cerebro dirigía la actividad mental en aquel momento y que así se ponía en contacto con regiones inexploradas de su conocimiento.

«¿Qué serán esas esferas doradas?», se preguntó.

—Son, sencillamente, transmisores, elementos de comunicación, como palomas mensajeras informáti-

cas que aún no se han descubierto en tu tiempo —le dijo con nitidez la voz de *Vanguardia* directamente en su oído izquierdo.

Usted sonrió, familiarizado ya con aquella voz y contento por haber restablecido el contacto. Se sentó en una postura cómoda y respiró profundamente, preparado para asistir a otra «clase».

—Hay algunos factores psicológicos importantes que es necesario equilibrar en el camino hacia la prosperidad. El primer factor es la experiencia del nacimiento. Salimos de una situación muy confortable para ir a dar a un lugar desconocido que, ya desde el primer momento, nos resulta inhóspito: una luz fuerte capaz de cegar unos pequeños ojos aún cerrados, pero muy sensibles, y un «comité de bienvenida» no siempre cariñoso, que recibe al recién nacido con palmadas en las nalgas. Nuestra primera experiencia de respiración en el mundo queda registrada en nuestro cerebro asociada al miedo a la muerte. Todos empezamos a respirar en esta vida llorando, en medio del pánico, y ese recuerdo se revive inconscientemente cada vez que respiramos.

—¿Y cómo se puede resolver ese problema?

—Hay una técnica de regresión conocida como *rebirthing* (renacimiento) que permite a la persona revivir su propio nacimiento y recordar los detalles y las emociones que tuvieron lugar entonces. Pero es un trabajo que debe hacer un profesional especializado. Busca uno. Hazlo con tu esposa, para que os ayudéis el uno al otro haciendo el papel de «padre»,y el de «madre», y te aseguro que os irá muy bien a los dos. Mucha gente no progresa en la vida por el trauma del propio nacimiento.

> Lo que hoy puede considerarse mala suerte, tal vez mañana sea buena fortuna.

Usted permaneció en silencio algunos minutos, procurando respirar relajadamente, pues sentía que la clase apenas acababa de empezar.

Durante un instante recordó la mirada de su jefe al final de la reunión de aquella mañana y la situación de desconcierto en que se encontró a continuación. No quiso mantener en su mente aquella preocupación, pero percibió que su memoria le mostraba ahora la mirada de su padre. En ese instante volvió a oír la voz del maestro *Vanguardia*:

—Sigue relajado, con los ojos cerrados, e imagina que eres muy pobre y que vives debajo de un puente. Sin nada, desposeído de cualquier recurso material, en la más absoluta miseria. Estás intentando hacer una pequeña hoguera para entrar en calor y calentar una

lata con un poco de poso de café que te han dado en un bar.

(Como en las ocasiones anteriores, lector, haz este ejercicio imaginando la situación que propone *Vanguardia*. Relee despacio el párrafo anterior y aprovecha la valiosa oportunidad que tienes en este momento.)

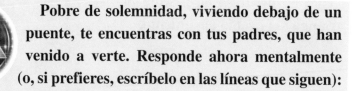 **Pobre de solemnidad, viviendo debajo de un puente, te encuentras con tus padres, que han venido a verte. Responde ahora mentalmente (o, si prefieres, escríbelo en las líneas que siguen):**

¿Qué siente tu padre al verte?

_____

_____

¿Qué siente tu madre cuando te ve en esa situación?

_____

_____

¿Qué sientes tú cuando los ves?

_____

_____

¿Qué te dice tu padre?

_____

_____

¿Qué te dice tu madre?

_____

_____

¿Qué les dices tú a ellos?

_____

_____

Habláis un poco sobre tu situación y sobre generalidades y, algunos minutos después, se despiden de ti.

¿Qué te dice tu padre cuando se va?

_____

_____

¿Qué te dice tu madre?

_____

_____

¿Qué les dices tú al despedirte de ellos?

_____

_____

¿Obtienes los resultados que te gustaría obtener?

Imagina ahora otra situación: vives en el mismo lugar donde realmente lo estás haciendo hoy y llegan tus padres de visita. ¿Qué siente tu padre al verte?

_____

_____

¿Qué siente tu madre cuando te ve en esa situación?

_____

_____

¿Qué sientes tú cuando los ves?

_____

_____

¿Qué te dice tu padre?

_____

_____

¿Qué te dice tu madre?

_____

_____

¿Qué les dices tú a ellos?

_____

_____

Habláis un poco sobre tu situación y sobre generalidades y, algunos minutos después, se despiden de ti.

¿Qué te dice tu padre cuando se va?

_____

_____

¿Qué te dice tu madre?

_____

_____

¿Qué les dices tú al despedirte de ellos?

_____

_____

Imagina ahora que vives en una gran mansión, con el lujo y todas las comodidades que sólo una inmensa fortuna puede proporcionar. Llegan tus padres de visita y el mayordomo los recibe en la puerta. Entran y te esperan en un salón enorme, ricamente decorado. Entonces tú bajas por una escalera de mármol que da al salón y miras a tus padres.

¿Qué siente tu padre al verte?

_____

_____

¿Qué siente tu madre cuando te ve en esa situación?

_____

_____

¿Qué sientes tú cuando los ves?

_____

_____

**Después de saludaros cariñosamente,
¿qué te dice tu padre?**

_____

_____

¿Qué te dice tu madre?

_____

_____

¿Qué les dices tú a ellos?

_____

_____

Mientras habláis, os sirven unas bebidas en bandeja de plata y copas de cristal. Algunos minutos después, tus padres se despiden de ti y salen.

¿Qué te dice tu padre cuando se despide de ti?

_____

_____

¿Qué te dice tu madre?

_____

_____

¿Qué les dices tú a ellos?

_____

_____

—Sigue respirando con suavidad y entra en contacto con la emoción que queda en ti tras imaginar estas tres situaciones. Has trabajado en tu mente lo que denominamos «síndrome de desaprobación de los padres». Hay personas que temen progresar en la vida más de lo que lo hicieron sus padres, y entonces el simple deseo de ser próspero viene acompañado por un

> Todos creamos nuestra realidad a partir de las elecciones que hacemos, de las decisiones que tomamos.

sentimiento de culpa. En otras ocasiones, el hijo se siente presionado por el padre en el sentido de que debe alcanzar el éxito y, precisamente por esa razón, por las expectativas paternas, no lo alcanza nunca. Hay también quien se rebela contra el modelo de vida de sus padres, pero estas personas están hasta tal punto programadas por ese modelo que no conseguirán nada fuera de ese sistema de valores. Con el ejercicio que acabamos de realizar, estarás en condiciones de observar tus emociones en tres situaciones distintas y, de esta forma, conseguirás soltar las amarras de la carga emocional que te han aportado tus padres en relación a la prosperidad. No hay nada de malo en ser más prósperos de lo que lo fueron nuestros padres, pues eso significa que nos educaron bien.

Más tarde *Usted* tuvo tiempo de reflexionar acerca de este ejercicio.

«Pobre papá, se esforzó tanto por mí…», pensaba.

Ideas como esta tenía *Usted* en mente mientras *Vanguardia* le hablaba sobre el ejercicio que acababa de hacer. Y junto a estas ideas apareció un sentimiento semejante al del primer ejemplo del «síndrome» que *Vanguardia* había citado: «Si llego a ser más próspero que él, me sentiré culpable…».

A estas alturas resultaba evidente que *Vanguardia* leía sus pensamientos más íntimos. Y le dijo entonces en otro tono de voz:

—Lo que estás pensando ahora, por ejemplo, es un típico pensamiento negativo, otro factor psicológico contraproducente para la prosperidad. Ya sabes que tenemos poder sobre lo que pensamos y que los pensamientos moldean nuestra realidad; entonces, ¿por qué no dar cabida sólo a pensamientos positivos? En vez de tener esas ideas, piensa: «Soy más próspero que mi padre, y ese es el mejor homenaje que puedo hacerle por todo lo bueno que él me dio». Y no culpes a tus padres, ni a nadie, por aquello que no tuviste o no conseguiste, pues eres tú mismo quien determina cómo ha de ser tu vida.

—¿Y si alguien tiene el karma de ser pobre, por ejemplo, para pagar los errores de vidas anteriores?

Vanguardia se colocó ante él con expresión de enfado.

—¡Piénsalo bien, si una vida anterior fuera tan impor-

Son muchos los que quieren, pero pocos los que creen. Sin esa creencia, resulta difícil hacer realidad los objetivos.

> La falta de dinero supone más problemas al Universo que el exceso de dinero.

tante o más que la presente, estarías viviendo aquélla y no ésta!

Dio unos golpecitos en el rostro de *Usted* y a continuación golpeó con la palma de la mano en el suelo, con fuerza, como si quisiera que *Usted* cobrara mayor conciencia de la vida, en sintonía con el aquí y ahora.

—**El karma tiene su función en el Universo, al igual que la astrología. Todo tiene su razón de ser, pero la manifestación de la vida del individuo va más allá, pues se basa en el libre albedrío. Tu crecimiento espiritual consiste precisamente en conseguir trascender cualquier designio anterior en busca de la armonía plena con la prosperidad del Universo. ¿O piensas que el Universo entero fue creado para que exista esa pobreza en la que vive la mayor parte de la humanidad?**

Usted estaba a punto de asentir con un gesto cuando *Vanguardia* apoyó la mano en su hombro con fuerza y completó el mensaje:

—**Sería una auténtica «trampa cósmica» que todo estuviera ya escrito, con un destino inevitable. Muchas historias que se cuentan por ahí no tienen nada que ver con lo que es en realidad el karma. Son maneras de huir de la realidad, ex-**

cusas para no hacer nada. **Lo verdaderamente importante para superar los problemas kármicos es vivir bien el «aquí y ahora». ¡Vivir lo mejor posible, con amor, felicidad, paz, sabiduría y mucha prosperidad!**

Justo en el instante en que *Vanguardia* hablaba del «aquí y ahora», el reloj de una torre cercana dio dos campanadas. Una vez más, el momento de las lecciones de *Vanguardia* se encadenaba perfectamente con el presente vivido por *Usted* en el día a día. El anciano desapareció tan rápido como había surgido y *Usted* echó a andar hacia su oficina con la cabeza aún entre las nubes, pero con los pies firmes en el suelo.

EL DINERO ES UN BUEN EMPLEADO, PERO UN PÉSIMO PATRÓN.
PROVERBIO FRANCÉS

La prosperidad
es una
demostración
de la existencia
de Dios.

Preguntas que vale la pena responder

1. ¿Crees en la vida más allá de la muerte?

_____

2. ¿Crees en la existencia de una inteligencia superior que gobierna el Universo?

_____

3. ¿Crees que existe un lugar especial, después de la muerte, para aquellos que han vivido una vida digna y justa?

_____

4. ¿Tienes miedo a caer en la miseria?

_____

5. ¿Has conseguido más en la vida que tus padres?

_____

6. ¿Te da miedo morir pobre?

_____

Liberarse de pesadas cargas

sa noche, a pesar de la larga conversación con *Vanguardia*, algunas cuestiones siguen inquietándole, como si aún no pudiera dar por terminado el tema. Empieza a comprender que sus pensamientos moldean su realidad física, pero esa noche se va a dormir con una pregunta de difícil respuesta:

«Según *Vanguardia*, mi vida es ni más ni menos que una manifestación de aquello que pienso. Y si es así, ¿qué he estado pensando para que mi vida sea como es?»

Y tan pronto como surge la pregunta, le vienen a la cabeza sus dificultades económicas. A medida que el sueño se apodera de *Usted*, como si lo abrazara la oscuridad de un pozo, recuerda la escena de pobreza que imaginó en el último ejercicio y, a continuación, se ve envuelto en deudas y trabajando hasta la extenuación, incapaz de saldarlas. Unas nubes densas de pesadilla rondan su sueño cuando *Usted* oye la voz de *Vanguar-*

dia. Con la vista aún nublada, al principio no lo ve. Pero al poco, a medida que *Vanguardia* habla, las nubes se disipan y su figura se vuelve más nítida.

—Existen algunos «pesos pesados» entre los aspectos psicológicos que bloquean el acceso a la prosperidad —le explica—. **Uno de los más graves es el problema de las deudas. Si tienes deudas que no consigues saldar, piensa que te estás resistiendo a perdonar a alguien. Pero perdonar, en este caso, no es sólo una cuestión de amor, sino también y sobre todo de inteligencia. Quien peor parado sale es quien no perdona, pues debe cargar con el peso de ese rencor.**

—¿A quién debería perdonar? —pregunta *Usted.*

—En el momento en que lo descubras y perdones, te garantizo que dispondrás de dinero para pagar tus deudas. Las deudas son la ausencia de perdón en el pasado.

Llegados a este punto, *Vanguardia* lo invita a cerrar los ojos. *Usted* oye una música suave y envolvente. El maestro empieza a guiarlo hacia un ejercicio hablando lentamente.

—Haremos un ejercicio para resolver un problema de venganza que permanece pendiente en tu es-

Kaizen: palabra japonesa que significa «mejora continua»; hoy mejor que ayer y peor que mañana.

tructura emocional. Imagina que te encuentras en un gran salón en el que se da una fiesta a la que están invitadas todas aquellas personas que, de alguna manera, han dejado huella en tu vida. Tus padres, tus hermanos, tus primos y tíos, tus maestros y profesores de la infancia, tus compañeros y amigos, los enemigos…, todo aquel que haya desempeñado algún papel en tu vida asistirá a la fiesta. A medida que vayan llegando, es decir, cuando los visualices uno a uno en tu pensamiento, mirarás a cada uno de ellos directamente a los ojos con toda la verdad de tu corazón, sin esconder ninguno de los sentimientos que albergues por esas personas.

Usted se concentra totalmente en el ejercicio, consciente de que esa oportunidad es de gran valor para su vida. (Haz lo mismo, lector; aprovecha esta oportunidad. Cuando hayas leído la descripción del ejercicio, cierra el libro y ponlo en práctica.)

—**Después de mirar directamente a los ojos a cada uno de los presentes** —sigue explicando *Vanguardia*—, **escogerás de entre ellos a una persona que haya sido importante en tu vida y a quien te resultaría difícil, más que a cualquier**

> Es preferible un poco de precaución a mucho remordimiento.

otra, decirle «te quiero». Condúcela mentalmente hasta el centro del salón e imagina que los demás se sientan y asisten a la escena como espectadores. Y pregunta entonces al inconsciente de esa persona: «¿Me das permiso para realizar un ejercicio en el que me vengaré de ti con el propósito de que ambos salgamos beneficiados?». Si la respuesta fuera «no», escoge a otra persona y hazle la misma pregunta. Si la respuesta de esta segunda persona siguiera siendo negativa, deberás escoger una tercera. Y si ésta también se negase, deja el ejercicio para otro día porque hoy no es el más adecuado para que te vengues de nadie...

Usted sigue las instrucciones de *Vanguardia* y la respuesta de la persona escogida es afirmativa. Está de acuerdo en participar en el ejercicio.

—Sigamos, entonces, pues la respuesta ha sido «sí» —dice *Vanguardia*—. Ahora te vengarás de esta persona. Menos matarla, puedes hacer con ella lo que te dé la gana: golpearla, insultarla, humillarla, lo que quieras menos matarla. Y deberás hacerlo de tal forma que, al terminar, todos sepan que has sido tú quien ha ganado. Esa será tu venganza. Cuando los asistentes a la fiesta se den cuenta de que has ganado, da las gracias a la persona que hizo el ejercicio contigo. Verás cómo esto tendrá una influencia decisiva en tu vida.

Usted termina el ejercicio con calma, y aprovecha cada momento, observa cada detalle, oye cada palabra y cada nota musical y percibe cada sentimiento. *Usted* se está deshaciendo del pesado lastre que ha cargado sobre sus espaldas durante tanto tiempo. Al final del ejercicio, se siente mucho más ligero de lo que estaba antes, aunque haya sentido fuertes emociones que había evitado durante muchos años.

Vanguardia aguarda a que *Usted* se recupere de las experiencias del ejercicio de la venganza y continúa:

—**Te hablaré ahora de otras causas psicológicas capaces de generar problemas económicos y falta de prosperidad. Por ejemplo, el miedo a perder el amor de los padres. Como ya viste en el ejercicio de la visita de los padres, los sentimientos negativos que albergamos por emociones o situaciones de afecto mal resueltas bloquean la prosperidad e impiden a la persona ser feliz.**

Usted examina sus emociones y sus sentimientos en relación a sus padres y nota que aún hay cabos sueltos que bloquean el libre fluir de su energía vital.

> No seas sólo bueno, sé bueno para alguna cosa.
>
> *Thoreau*

—Otro factor, que tiene relación con este, sería el síndrome de falta de afecto —prosigue Vanguardia—. **Sobre todo en situaciones en la que el padre o la madre suplían el cariño por dinero. El hijo, de pequeño, pide a sus padres que lo lleven al cine, que le cuenten una historia o que jueguen con él, y la respuesta que recibe es siempre la misma: «No puedo, hijo. Pero toma este dinero y cómprate caramelos», o algo parecido. Se pretende compensar la falta de afecto con dinero, de modo que el niño empieza entonces a relacionar el dinero con la ausencia de cariño. Y esta asociación puede permanecer en su inconsciente durante toda la vida, y provocarle dificultades tanto económicas como afectivas.**

Usted suspira; se identifica con algunas cosas y aprende de otras. Mientras, *Vanguardia* sigue con su lección:

—Las dificultades en el ámbito afectivo pueden manifestarse también como un síndrome de dependencia. Hay gente que no gana suficiente dinero, que siempre necesita ayuda, que es dependiente, es decir, que precisa siempre de los demás. Inconscientemente o no, quiere seguir dependiendo en el terreno económico para intentar suplir una dependencia afectiva. Una manera de depender de otros consiste en necesitar siempre ayuda económica. Una persona así debe

trabajar su autoestima, su confianza en sí mismo, y en el Universo, la firme voluntad de liberarse de esas ataduras para poder crecer como persona y prosperar en la vida.

Vanguardia siempre daba en el blanco. Mientras encaja en su mente los detalles de las lecciones del maestro que más le afectan, *Usted* percibe hasta qué punto estaba mezclando emociones mal resueltas con sus actitudes en relación al dinero. Necesitaba pedir dinero prestado con frecuencia para pagar deudas, y cuando lo hacía tenía sensaciones que era incapaz de definir, pero que estaban relacionadas con carencias y ataduras afectivas. Se da cuenta también de que solía sentir una cierta envidia de las personas adineradas, como si le debieran algo que él no podía tener, o que aún no se permitía disfrutar.

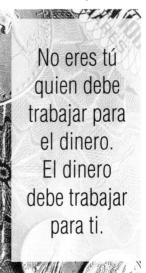

No eres tú quien debe trabajar para el dinero. El dinero debe trabajar para ti.

—**Otro problema psicológico relacionado con la prosperidad** —añade *Vanguardia*, como si adivinara una vez más lo que *Usted* está pensando— **tiene que ver con el dinero heredado. Si**

hasta ahora sentías envidia de quien había heredado mucho dinero, ya no la sentirás más. Debes saber que una de las principales causas de la conciencia de pobreza en el mundo es el dinero heredado. ¿Sabes por qué? Porque ese dinero tiene connotaciones de muerte. A no ser que las personas que heredan hayan trabajado psicológicamente su mente para cambiar esta tendencia, suele existir en ellas una fuerte asociación emocional entre el dinero y la muerte.

—El padre construye, el hijo conserva y el nieto destruye. ¿No es así el dicho popular? —recuerda *Usted*.

—Eso es. La gente tiene estos refranes grabados en el inconsciente. Pero la razón principal es la culpa que arrastran estas personas por haber recibido ese dinero tras la muerte del padre, de la madre o de alguien importante en su vida afectiva. «Tengo este dinero sólo porque él murió», piensa el heredero, sobre todo cuando no recibía suficiente afecto o dinero cuando esa persona vivía. Y por eso procura librarse de esa carga cuanto antes. Lo gasta todo en el juego, en política, en negocios ruinosos, en

La mente humana nunca podrá volver a sus dimensiones originales una vez que ha conocido una nueva idea.

Oliver Wendell Holmes Jr.

vicios o en algo parecido. Hay incluso quien consigue conservar el dinero heredado, pero no goza de prosperidad. Son personas ricas, sí, pero al mismo tiempo viven en la pobreza. Si alguien se quedara con el dinero de una persona así, que es rica pero no próspera, comprobaríamos que es incapaz de volver a ganar el dinero perdido, porque nunca supo merecerlo realmente.

Algo interrumpe su sueño. *Vanguardia* ha dejado su mente. Y la música que lo acompañaba ha sido sustituida por el insistente timbre del teléfono.

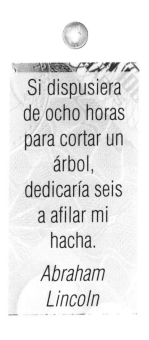

Si dispusiera de ocho horas para cortar un árbol, dedicaría seis a afilar mi hacha.

Abraham Lincoln

Preguntas que vale la pena responder

1. Si tuvieras que perdonar a tu madre, ¿qué le perdonarías?

_____

2. Si tuvieras que perdonar a tu padre, ¿qué le perdonarías?

_____

3. ¿A quién entre tus familiares te costaría más decirle «Te quiero»?

_____

4. ¿Cómo ves tú el dinero de una herencia?

_____

5. ¿Te consideras una persona independiente?

_____

6. ¿Por quién muestras todavía algún resentimiento?

_____

7. ¿Qué significa para ti la palabra «perdón»?

_____

Inmortalidad en vida

on las dos de la madrugada. *Usted* se despierta porque el teléfono está sonando. Su primer impulso es no responder. «Debe de ser una equivocación, como las tres últimas veces», piensa. El aparato deja de sonar, pero al poco tiempo vuelve a hacerlo, con insistencia. *Usted* se levanta y busca las zapatillas que había dejado junto a la cama. Encuentra una; después, la otra. Corre hacia el teléfono de la sala y lo descuelga.

—¿Oiga? Está llamando al 889...

—Hola, *Usted*, soy tu tía María.

—Hola, tía. ¿Hay algún problema?

—Sí, por desgracia, querido. Han llevado a tu padre al hospital, le han diagnosticado un infarto de miocardio. Ahora está en la Unidad Coronaria y quiere que vayas a verlo.

—De acuerdo, tía. Ahora mismo voy. Besos.

Usted cuelga el aparato, se pone la ropa que tiene más a mano y, tras despedirse de Evagard, aún soñolienta, sale corriendo de casa y se pone a buscar un taxi. Por casualidad, tal vez por sincronicidad, en la primera esquina encuentra uno. Entra en él y le pide al conductor que lo lleve al Hospital de San Lucas, que antes era privado y que había pasado a depender de los Servicios Sociales. Por la cabeza de *Usted* empiezan a pasar, como destellos, imágenes de los momentos tristes (muchos) y alegres (pocos) que ha compartido con su padre.

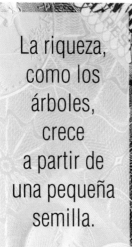

La riqueza, como los árboles, crece a partir de una pequeña semilla.

A *Usted* le gustaría permanecer en silencio, pero el conductor tiene ganas de conversación y empieza a hablar de un libro que acaba de leer, un *best seller*, *El éxito no llega por casualidad*, el único libro que ha conseguido leer de principio a fin.

—¿Lo ha leído usted? —pregunta.

Usted responde que no, aunque en realidad sí lo ha hecho, pero ocurre que no tiene ganas de hablar. El conductor empieza entonces a describir la «diferencia que marca la diferencia» entre las personas que tienen éxito y las que no lo alcanzan nunca. Comenta incluso cuáles son los ingredientes necesarios para alcanzarlo; mientras, *Usted* finge estar interesado en el tema, aunque su pensamiento sigue con su padre. «¿Correrá peligro su vida?»

Al llegar al hospital, se interesa por el estado de salud de su padre y, tras mucho insistir, tiene la oportunidad de entrar durante algunos minutos en la Unidad Coronaria para decirle hola.

Pasa allí con cierta aprensión, pues no sabe con qué se encontrará. Su padre, en cama, lo ve llegar y en un gesto de amor le dirige una tierna mirada y le coge la mano derecha con su mano izquierda, la mano del corazón. Cuando

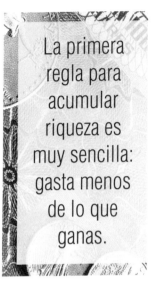

La primera regla para acumular riqueza es muy sencilla: gasta menos de lo que ganas.

Usted saluda a su padre lo embarga la misma compasión que sintió cuando *Vanguardia* le enseñó el ejercicio de soltar amarras en el que él era un multimillonario y sus padres iban a visitarlo. Más allá de ese sentimiento inicial, percibe que la relación con su padre ha cambiado, para mejor. Ambos comparten en aquel momento un mayor amor incondicional.

Súbitamente, como si de magia se tratara, *Usted* comprende con claridad que a pesar de que no le habían gustado muchas actitudes y comportamientos de su padre cuando él era niño, aquello era lo único que podía ofrecerle. Se apodera de él una fuerte sensación de sabiduría y en su mente surge una nueva intuición, un nuevo *insight*. *Usted* no puede cambiar lo que no puede ser cambiado.

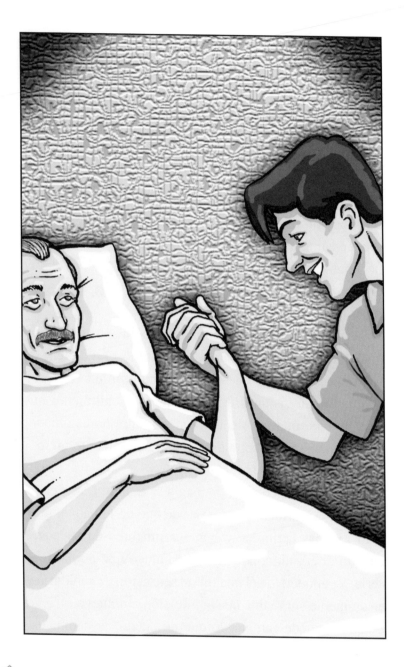

Recuerda de nuevo a *Vanguardia* y se reafirma en la idea de que el poder está en el presente, en el aquí y ahora. El pasado ya pasó. El futuro está por llegar. Sólo existe el «aquí y ahora». ¡El eterno ahora!

El mejor modo de que te elogien es morir.

Usted abraza a su padre de una manera muy especial, en cuerpo y alma. Las lágrimas afluyen a sus ojos, lágrimas de sanación. Mira a su padre directamente a los ojos y, apenas capaz de expresar lo que guarda en su pecho, murmura:

—Papá, te quiero. Te perdono por todo lo que me hiciste y no me gustó, te pido perdón por no haber entendido tu amor y doy gracias por tu existencia. A pesar del poco contacto que tenemos, siempre te tengo en el corazón.

En la mente de *Usted* circulan palabras sabias de *Vanguardia:* **La gratitud es la madre de todas las demás virtudes.**

El padre, también con lágrimas en los ojos y sonriendo, responde con dulzura:

—Yo también te quiero, hijo mío. Siempre fuiste, eres

> **Allí donde hay determina-ción, siempre se encontrará solución.**

y serás el orgullo de mi vida. Mis ausencias durante tu infancia se debían a que tenía que ganar el pan que abastecía nuestra mesa. Cuando necesitabas mi palabra amiga y yo no te la ofrecía, mi corazón sangraba por no saber hacerlo. Y a pesar de que la mayor parte del tiempo nos separaba la distancia, nuestros corazones siempre estuvieron unidos, jugando el uno con el otro. Siempre estás en mis pensamientos; tu imagen forma parte de mi mente.

Se abrazan, llorando, reconstruyen el pasado y demuestran así, una vez más, el poder del espíritu humano. Un milagro en acción. Un ejercicio de trascendencia. Un volver a empezar con el cielo como límite.

Se acerca la enfermera y, comprensiva, espera unos minutos. Como si también participara del proceso, celebra con una sonrisa el despertar de una nueva relación, fundamental en la vida de dos seres humanos.

Con gentileza, la enfermera le explica que debe abandonar la Unidad Coronaria. *Usted* se despide de su padre; ha entendido que la vida es una sucesión de encuentros y despedidas. Se dirige hacia la sala de espera, saca el paquete de tabaco del bolsillo y, en lugar de extraer un cigarrillo, lo tira todo, incluido el encendedor, a la papelera.

Sentado en un sofá, reflexiona acerca de la trascendencia de todo lo ocurrido y llega a una conclusión:

«¡Vale la pena vivir!»

En ese instante aparece un médico moreno, de ojos castaño oscuro y mediana edad, con una sonrisa que le marca hoyuelos en el rostro y lo rejuvenece al menos diez años. El médico apoya su mano en el hombro de *Usted* y por aquel contacto, tal vez por la energía que procede de él, siente que es *Vanguardia* quien acaba de llegar, ¡aunque nunca se haya ido!

El médico se sienta junto a él y, en un tono un tanto profesional, empieza a hablar y a ofrecerle nuevos *insights*, nuevas intuiciones.

—**La vida es un aprendizaje constante** —dice *Vanguardia*—. **Las enseñanzas llegan de las maneras más insospechadas. En tu caso, ha sido necesario que tu padre cayera enfermo para que entendieras que lo amas y que te ama, También puedes aprender de la experiencia de los demás. Servirnos de esa experiencia no sólo nos ahorra tiempo, sino que también nos permite anticipar los resultados. Una manera eficaz de transmitir conocimiento es por medio de relatos. Y ya que hablamos de ello, me gustaría contarte una historia que puede significar una profunda transformación en tu vida.**

Las palabras de *Vanguardia* crean una atmósfera de revelación y misterio que lo envuelve completamente.

—En una tribu de Haití que practica el culto vudú, el hombre santo, el hechicero, lleva consigo una calavera. Cuando un miembro de la tribu es condenado a muerte, el hechicero, en un ritual milenario, acerca la calavera a la cabeza del condenado, quien a partir de ese momento deja de hablar, pierde la sed, el hambre y el sueño, cae en un estado de depresión y, en cuestión de 72 horas, muere. Hasta ahora, todas las personas de la tribu sometidas a

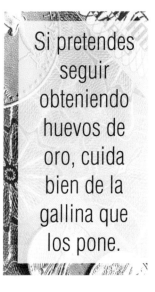

Si pretendes seguir obteniendo huevos de oro, cuida bien de la gallina que los pone.

este proceso han muerto. Pero hará algunos años, tres profesores, antropólogos de la Universidad de Alabama, Estados Unidos, decidieron desafiar el ritual con la finalidad de demostrar la influencia de las creencias en la realidad del ser humano. Después de negociarlo mucho, el hechicero aceptó seguir el ritual con los profesores, siempre y cuando asumieran la responsabilidad de los resultados. La ceremonia se realizó exactamente según se hacía con los condenados. Días después, los profesores volvieron a su país y publicaron un artículo sobre aquella experiencia con el vudú y sus practicantes.

Usted, casi en trance, escucha cómo *Vanguardia* cuenta la historia e intenta imaginar qué dirá a continuación.

> Una creencia, una vez establecida, tiene como función única y exclusiva PERPETUARSE.

¿Cuál será el mensaje que quedará impreso en su estructura psicológica esta vez? *Vanguardia* seguía su discurso, como si estuviera dando una conferencia en público.

—Los miembros de la tribu morían y los profesores de Alabama no, sencillamente porque el sistema de creencias era distinto. Ya desde que nace, a cada individuo de la tribu se le impone la idea de que morirá si el hechicero apoya la calavera contra su cabeza.

Usted apenas se limita a asentir con un movimiento de la cabeza ante la sabiduría de *Vanguardia*, quien, al percibir que el momento es propicio, decide trasladar a la mente de *Usted* «el mensaje de los mensajes». Pausadamente, sigue hablando:

> No importa lo rico que seas, enseña a tus hijos disciplina y sencillez.

—Imagina por un momento que no es necesario que el ser humano muera. Imagina que ha sido creado para vivir eternamente y que así fue desde el principio de los tiempos. Y si la eternidad era la regla, la excepción que la confirmaba era la muerte. Todas las reglas tienen su excepción, y así al principio de los tiempos hubo una excepción, una muerte, y a esta le

siguieron otras. Imagina que los hombres que presenciaban estas muertes, como los niños de la tribu haitiana que veían morir a quienes sufrían el «toque mágico» de la calavera, llegaban a la conclusión de que la muerte era inevitable para todos los seres humanos, que formaba parte de la condición de estar vivo.

Usted sigue perplejo ante tantas paradojas y nuevos paradigmas, ante aquel relato metafórico expuesto de una forma elegante, superficial y profundo al mismo tiempo. *Vanguardia*, entonces, da el paso definitivo:

—**Imagina que tú y todos nosotros, los seres humanos, poseemos en realidad el don de la inmortalidad física. Lo que ocurre es que seguimos hipnotizados por la muerte y morimos para confirmar la creencia que nos gobierna.**

Usted ya no entiende nada.

«¡Qué absurdo es lo que está diciendo el maestro! ¡Inmortalidad física! ¡Ja!»

Vanguardia reclama su atención.

—**Debes dejar que complete mi razonamiento antes de sacar conclu-**

Es prácticamente imposible hacer un buen negocio con una mala persona.

siones precipitadas. Procura seguir la línea de mi pensamiento. El hombre, al saber que va a morir, carga consigo el deseo inconsciente de la muerte. Y esta es una sensación que nos acompaña las 24 horas del día. Morirse consume una tremenda carga de energía vital. Muchas personas, en plenitud de fuerzas, a una edad en que conocimiento y sabiduría se aúnan, dejan de contribuir al Universo en la creencia de que tienen la muerte muy cerca. Es el caso de tu padre: se está muriendo a los 66 años de edad, sin ninguna visión de futuro. El individuo, la sociedad o la nación sin esta visión no son más que individuos, sociedades y naciones en peligro. ¡Vive tu vida de una manera extraordinaria! ¡Haz que tu visión vaya más allá de tus intereses como individuo! Cree en tu inmortalidad física (¡mientras vivas!) y haz de este planeta un lugar mejor para quienes vendrán después de ti.

Usted, a pesar de su perplejidad, absorbe como una esponja lo que *Vanguardia* le dice. El concepto de prosperidad adquiere una nueva dimensión en su mente. *Vanguardia* se despide de *Usted* y deja en sus manos un paquete de color violeta, atado con una cinta verde. *Usted* lo desata, lo abre y en su interior encuentra una medalla de oro y una placa con una leyenda grabada:

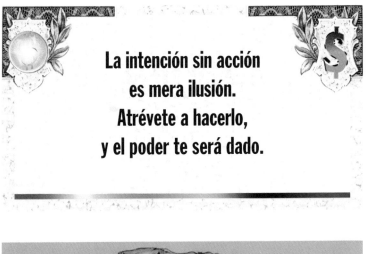

La intención sin acción
es mera ilusión.
Atrévete a hacerlo,
y el poder te será dado.

Preguntas que vale la pena responder

1. ¿Cuál ha sido la mayor sorpresa que has tenido en tu vida?

2. ¿Cómo es (o fue) la relación con tu padre?

3. ¿Qué piensas de la muerte?

4. ¿Qué piensas de la vejez?

5. ¿Cómo te gustaría que te recordaran?

6. Si te decidieras a arriesgar más en la vida, ¿qué harías que no estés haciendo ya?

7. ¿Por qué crees que el oro tiene más valor que la plata y la plata más que el cobre?

Hasta qué punto es real la realidad

*T*ras la muerte y el entierro de su padre, *Usted* permaneció como aturdido durante algunos días, en los que procuró asimilar la pérdida sufrida y restablecerse de ella.

«¿Cuál será ahora el siguiente paso?»

Hacía ya algún tiempo que *Usted* mantenía contacto con *Vanguardia* y después del ejercicio que había hecho aquella tarde ya no tenían razón de ser las barreras que bloqueaban su camino hacia la prosperidad. Pero aquellas ideas limitadoras habían permanecido durante mucho tiempo en su mente, favorecidas por sus pensamientos y actitudes, y *Usted* estaba tan acostumbrado a ellas que en esos momentos sentía un cierto vacío, una laguna que debía llenar.

«¿Con qué?»

> **Si quieres saber algo de joyas, no preguntes al sastre, pregunta al joyero.**

Ya había dado los primeros pasos para preparar el terreno, y se sentía en aquel momento en una encrucijada: o seguía adelante, de inmediato, o se conformaba con lo que ya había aprendido, con lo cual las cosas quedaban como antes, tal vez con alguna mejora.

Seguir adelante significaría pasar de la teoría a la práctica y ser realmente próspero.

«Pero, ¿cómo conseguirlo? ¿Cuándo alcanzaré por fin la prosperidad?»

—**Ahora, inmediatamente.**

—¿Cómo?

El niño respondió sólo eso: «**Ahora**». De cabellos dorados y una sonrisa traviesa, respondió con esa única palabra las preguntas que se amontonaban en la cabeza de *Usted*, y desapareció entre el gentío que hormigueaba por la calzada en plena hora punta vespertina. Pero ahí no quedó la cosa. En su mano había depositado un sobre cerrado. «**Ábrelo sólo en casa**», estaba escrito en el sobre, con letra infantil.

«No es posible. Debe de tratarse de una broma», pensaba *Usted* rumbo a casa, ansioso por abrir el sobre.

Era un viernes, menos mal; podría descansar un poco

después de una semana agitada, repleta de sorpresas. Aunque tal vez le aguardaba una sorpresa todavía mayor dentro de aquel sobre. ¿Qué estaría preparando *Vanguardia*?

Su mujer y sus hijos lo esperaban para cenar. El sobre, en su bolsillo, esperaba a que lo abrieran. Así que *Usted* se dirigió con prisa al baño para darse una ducha llevando consigo el misterioso mensaje.

La mayoría de la gente quiere mantenerse en buena forma física, pero no tiene la disciplina necesaria para hacer ejercicio con regularidad.

La mayoría de la gente quiere ser rica, pero no tiene la disciplina necesaria para controlar sus gastos.

BILLETE PREMIADO

1 MILLÓN DE DÓLARES

n°. 8 890 038

A cobrar el próximo lunes

—¡Vaya! ¡Sólo era una broma de aquel niño! —qué decepcionado se siente *Usted* cuando comprueba que es un pedazo de papel de cuaderno, escrito con caligrafía infantil—. ¡Billete premiado! ¡Sólo me faltaba esto!

Deja a un lado el papel y abre el grifo de la ducha, al tiempo que se censura por su ingenuidad.

«¿Cómo es posible que alguien como yo se ponga tan

ansioso por causa de un pedazo de papel que un niño juguetón me ha dado en medio de la calle?»

Pero con las primeras gotas de agua llegan a su cabeza nítidos pensamientos y tiene la clara sensación de que oye de nuevo la voz del niño:

> — ¿**Cómo te sentirás cuando tengas un millón de dólares?**
>
> _____
>
> _____

(Responde, lector; entra en el juego de una vez. Imagina que *Usted* eres tú mismo.)

«Me sentiré así, así, así…», empezó a describir sus sensaciones mentalmente (al igual que tú, lector, has escrito las tuyas en las líneas precedentes).

—**Pues si empiezas a sentirte así a partir de ahora** —siguió la voz en la ducha—, **tendrás ese millón de dólares.**

Y se echaron a reír. La voz del niño y *Usted*.

—¡Claro! —aulló. Sólo faltaba que saliera desnudo del baño gritando «¡eureka!»

A sus hijos les resultaba gracioso oírlo cantar en la ducha de aquella manera. Con la melodía de un antiguo tema de carnaval, *Usted* había improvisado una letra, sin rima ni métrica, aunque llena de alegres y prósperos significados, como si el agua que caía fuera su inspiración: «La orden de los factores / pensamiento y sentimiento / no altera el producto / en tu mente». Y el estribillo era aún más animado: «Y el niño me dijo: / prosperidad / prosperidad / ahora mismo / prosperidad».

Mientras se secaba pensó:

«¿Y si imagino por un momento que realmente tuviera un billete premiado en las manos? Un viernes por la noche y sólo tengo un pedazo de papel para cambiarlo por otros pedazos de papel que valdrán un millón de dólares. En estos tres días, hasta el lunes, sería capaz de sentirme como si ya tuviera el dinero. ¡Un millón de dólares!»

El tema de carnaval empezaba a transformarse en un aria de ópera: «**Un millón de dólares... / contante y sonante / y sólo es cuestión de tiempo...**».

Sus hijos se divertían de lo lindo en la sala con aquellas canciones, y también Evagard reía, aunque a ella le intrigaba la súbita euforia de su marido. Y *Usted* seguía bromeando con la idea de que iba a disponer de un millón de dólares, hasta que recuperó el papel «premiado» y

La paciencia es amarga, pero su fruto es dulce.
Rousseau

comprobó que allí ya no ponía lo mismo que antes. En letras doradas aparecía otro mensaje:

El proceso de llegar allí es la cualidad de estar allí

Pero más sorprendido todavía se quedó *Usted* cuando el papel que tenía en las manos se desintegró tan pronto lo hubo leído, como si hubiera partido hacia otra dimensión.

Y así se quedó *Usted* contemplando «nada». No la nada de la ausencia, sino la nada de la «presencia total» que se identificaba con el «todo». En su mente empezaron a surgir más *insights*, más intuiciones. Se daba cuenta de que empezaba a pensar a lo grande. Aquello en sí ya era un milagro.

Preguntas que vale la pena responder

1. ¿Cuál es tu concepto de la riqueza?

2. Si ganaras un millón de dólares, ¿cuál sería la primera cosa que comprarías?

3. ¿Qué es lo que necesitas y no tienes?

4. ¿Qué es lo que tienes y no necesitas?

5. ¿Qué es lo que necesitas y tienes?

6. ¿Qué es lo que no tienes y no necesitas?

7. ¿Qué significa la cualidad de estar allí?

El ejercicio de la cocreación

quel sentimiento de prosperidad permaneció en *Usted* durante las horas siguientes y durante todo el fin de semana. Jugaba alegre con sus hijos, se divertía con su mujer, conversaba con sus amigos, y experimentaba una confianza íntima en todo aquello que había vivido y aprendido en los últimos días.

Pasaron el sábado y el domingo sin mayores novedades. A veces *Usted* recordaba la historia del billete premiado y alguna que otra pregunta le venía a la cabeza:

«¿Cómo hacer realidad este sentimiento? ¿Cómo convertirme realmente en alguien próspero?»

«*Largo* de Vivaldi.»

Y ahora, le ocurría que este pensamiento que no comprendía llegaba a él cada vez que se planteaba estas preguntas.

«La riqueza la crea la mente humana.»

«De acuerdo, está bien. La riqueza la crea la mente humana, ¿y qué?», se preguntaba *Usted*.

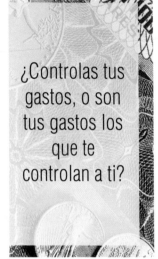

¿Controlas tus gastos, o son tus gastos los que te controlan a ti?

«**Somos los creadores de nuestra existencia**», fue la única respuesta que obtuvo.

Así que mientras la familia veía la televisión esa noche de domingo, decidió hacer meditación. Fue a buscar entre sus discos y cintas una de Vivaldi, un compositor que su mujer adoraba, aunque hacía mucho tiempo que no se oía en su casa. Allí estaba, había encontrado una cinta de Vivaldi.

«Vamos allá», murmuró *Usted* de camino hacia su habitación. Colocó el magnetófono en la cabecera de la cama, encendió sólo la luz de la mesita de noche, que daba una luz azulada, y se relajó.

Aquella suave melodía penetró en su mente y se confundió completamente con sus pensamientos. Una vez realizada esa fusión, sus ojos, cerrados, empezaron a verlo todo claro. *Vanguardia* estaba sentado ante *Usted*, bajo la luz radiante del sol, en la cima de uno de los montes que formaban el valle donde ya había estado antes en sueños. Más allá del monte aparecían paisajes aún más hermosos.

Al tiempo que *Usted* se maravillaba con todo lo que veía, surgió en su diálogo interno un pensamiento de duda:

—¡No es posible! Me estoy volviendo loco.

En ese preciso instante los soleados paisajes se transformaron en escenas de tormentas y cataclismos. Tempestades, terremotos, explosiones, incendios, guerras, volcanes en erupción... Parecía que en los valles que lo rodeaban ocurría toda clase de catástrofes. Pero el anciano sonreía, impasible. De modo que *Usted* decidió centrarse sólo en su sonrisa y, poco a poco, empezó a sentir que las tormentas se desvanecían y que el sol volvía a brillar por todas partes.

—Todo en el Universo es así —explicó *Vanguardia*—. **Hay una cara positiva y otra negativa, pero es la misma moneda. La vida fluye a partir de esta bipolaridad. Y la gran conciencia que generó y genera todo esto se manifiesta en cada uno de nosotros. Cada individuo lleva en sí un creador. Con la compleja estructura que denominamos cerebro podemos establecer una conexión entre las dos polaridades para trabajar así en sintonía con la creación. Y disfrutamos del poder de crear nuestra realidad.**

—¿Y cómo lograrlo?

—Lo hacemos constantemente. Siempre estamos creando nuestra realidad, ya sea positiva o negativa.

—Pero, ¿cómo pasar de la tempestad a la bonanza? Acabo de verlo. ¿Se ha tratado sólo de tu sonrisa? ¿Basta con que me muestre alegre y optimista para que la prosperidad se manifieste en mi vida?

—**Calma. En muchos casos, una de las primeras cosas que hay que hacer es quitar el pie del acelerador y prestar mucha atención al momento presente, pues ahí reside la eternidad.**

—Pero, ¿cómo?

—**Mira: el Universo físico no se crea solo. Está bien planeado. Es exuberante y abundante. Cuanto más desarrollemos nuestras capacidades, más perfecta será la sintonía con la prosperidad universal. Podemos entrar en contacto con esa fuerza infinita a través del hemisferio derecho de nuestro cerebro, donde se activa un canal que llamamos intuición.**

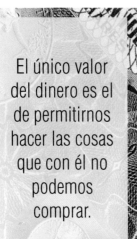

El único valor del dinero es el de permitirnos hacer las cosas que con él no podemos comprar.

—¿Es más valiosa la intuición que la inteligencia racional?

—**No es esa la cuestión, porque se trata de cosas distintas. La intuición es la puerta que nos conduce a percibir dimensiones a las que nuestra inteligencia aún no tiene acceso, aunque lo tendrá cuando esa puerta se abra al gran cambio** de paradigmas que ya tiene lugar en el momento en que estás viviendo.

—¿Y tú? ¿En qué tiempo vives?

Vanguardia hizo caso omiso de la pregunta y siguió con la «lección».

—Nosotros mismos fijamos las condiciones económicas de nuestra existencia en el universo físico, incluidos los bienes personales: tu coche, tu cuenta corriente en el banco, tu casa, tu bienestar material... En nuestra mente conviven un pensador y un experimentador: el yo que piensa y el yo que experimenta. El experimentador que hay en nosotros se encarga de experimentar lo que piensa el pensador. Así, nuestra concepción del universo físico y la manera en que lo afrontamos determinarán nuestro modo de vivir en este mundo físico. Lo que pensamos que va a suceder es lo que ciertamente nuestro cerebro y el Universo se encargarán de hacer que suceda.

—Eso está muy bien, pero para la mayoría de la gente esta forma de pensar carecería de lógica —comentó *Usted*.

—Es algo que trasciende con mucho la lógica actual de los hom-

Una vida inútil es una muerte prematura.

Goethe

bres, quienes todavía sólo utilizan el 5 por ciento de su capacidad mental. Usar la lógica en algo ilógico es algo completamente ilógico.

Lo paradójico de la respuesta de *Vanguardia* hizo que *Usted* recordara la conversación negativa que mantuvo en su mente justo antes de que aparecieran aquellas tormentas. Por eso preguntó:

—No entiendo por qué, incluso después de aquellos ejercicios para eliminar la culpa en relación a la prosperidad, sigo teniendo sugestiones negativas... ¿Cómo puedo suprimir esta conversación interna negativa? ¿Con qué substituir las ideas limitadoras que deseamos eliminar de nuestra mente?

—**Entendiendo a fondo el proceso creativo. ¿Quieres saber cómo se hace?**

—Claro.

—**Vuelve entonces a tu habitación, dale la vuelta a la cinta del magnetófono y siéntate en tu mesa para tomar algunas notas.**

Para ser rico, sé económicamente independiente y, además, da prioridad a mostrar un *status* social alto.

Para ti
De Lair Ribeiro

Hola. Es estupendo que hayas llegado hasta aquí. Ya falta poco para el final.

El mundo es de aquellos que perciben que la vida es como una maratón y no como una carrera de 100 metros.

Y bien, ¿te ha gustado lo que has leído hasta ahora? Procura reflexionar acerca de lo que has aprendido y aplícalo a tu vivir cotidiano.

Quiero que sepas que ha sido muy gratificante para mí compartir este conocimiento contigo. Sé que en tu vida, tanto en los momentos de tristeza como en los de alegría, recordarás lo que aprendiste aquí.

ORACIÓN DEL QUE APORTA EL DIEZMO

Señor Dios, tú distribuyes todos los dones gratuitamente.

Esparciste y sigues esparciendo tus bendiciones sobre cada uno de nosotros sin exigir nada a cambio.

Concédenos la gracia de hacer lo mismo.

Que cada cristiano colabore con su comunidad.

Que cada uno dé lo que le dicte el corazón, lo que le exija la conciencia.

Esa será la señal de que somos cristianos, de que vivimos en comunidad, nuestra familia, y de que nos preocupamos los unos de los otros.

El diezmo es un gesto de acción de gracias, un acto de gratitud a Dios por sus infinitos favores.

Es un gesto de amor, de repartición, de donación.

No es una limosna para acallar la conciencia.

Es una donación espontánea, libre y generosa que caracteriza el desapego del cristiano.

Que no me cierre a lo poco o mucho que tengo, que esté abierto a las necesidades de la comunidad. Mi comunidad necesita mi tiempo y mi trabajo, mi conocimiento y mis bienes. Sólo así me sentiré miembro activo y responsable.

Esparce sobre nosotros las bendiciones necesarias para que abramos nuestro corazón a la donación.

Sólo quien es generoso y no tiene miedo de compartir está, de hecho, abierto para acoger los beneficios de Dios.

Inventar la realidad

uando *Usted* abrió los ojos se encontró de nuevo echado en la cama; la cinta de Vivaldi había terminado de sonar y la televisión seguía conectada en la sala. Dio la vuelta a la cinta y se sentó ante el escritorio. El *Adagio* de Albinoni lo mantenía en el mismo patrón mental de momentos antes y *Usted* empezó a escribir en un papel algunas frases que llegaban a su mente y resumían nociones que ya había aprendido y explicaban otras:

«Todo en el Universo está construido a partir de tres unidades básicas. Nuestro poder de crear la realidad en el Universo puede describirse también a partir de tres principios básicos.»

1) El principio del autoanálisis

● ¿Por qué tu vida está siendo como es?

● **Las cosas suceden según tus creencias. Y tus creencias no son necesariamente ciertas, pero sí son tu verdad.**

● **Si, por ejemplo, una persona se convence de que la vejez está asociada a la enfermedad, a medida que se haga vieja irá enfermando.**

● **La vida que llevas ahora es exactamente una manifestación física de aquello que has estado pensando hasta ahora. Creamos por medio de nuestros pensamientos, con la ayuda de nuestras elecciones.**

2) El principio de las sugestiones

● **¿Qué me gustaría pensar para que mi vida fuera como deseo que sea?**

● **Es fundamental que las afirmaciones sean positivas y formuladas en tiempo presente, para así generar una nueva realidad en tu mente a partir de ahora.**

Llegado a este punto, *Usted* oyó la voz de *Vanguardia*, que hablaba con suavidad, lentamente, dentro de su cerebro. Dejó de escribir y percibió que entraba en un momento decisivo en su aprendizaje.

—**Siéntate cómodamente y cierra los ojos. Se te ha presentado la oportunidad de desarrollar la conciencia de prosperidad en tu vida. Con este ejercicio registrarás en tu estructura psicológica afirmaciones que te ayudarán a ganar todo el dinero que desees. Más que eso: además del aspecto económico, el Universo también te proporcionará más salud y amor.**

Guarda una parte de lo que ganas para ti.

Usted sentía que la música y la voz sonaban justo en el centro de su cabeza, en un punto situado entre sus dos oídos, y que empezaban a formar parte de él.

—**Respira de una manera más profunda y rítmica; siente que te relajas más aún y que tu energía se está equilibrando. Sigue respirando lentamente, siente cómo te relajas cada vez más. Ahora concéntrate en cada parte de tu cuerpo, de una en una, desde el dedo pulgar del pie derecho hasta la coronilla, en la cabeza. Siente lo relajado que estás.**

Usted percibía en aquel momento que la preocupación y la ansiedad desaparecían de su mente. La voz seguía sonando en el interior de su cabeza:

> Usar la INTUICIÓN significa tomar decisiones correctas con DATOS INCOMPLETOS.

—Tu mente ha empezado a imaginar uno de tus lugares favoritos, un lugar conocido o uno que tú creas en tu mente. Imagínate en ese lugar. Ve, oye y siente todo lo que hay allí. Y repite mentalmente tres veces cada uno de los mensajes siguientes, despacio, concentrado en lo que dices para ti:

(Aprovecha, lector, esta valiosa oportunidad. Lee de nuevo los párrafos anteriores, si es necesario, y entra en sintonía con este ejercicio. Sigue al pie de la letra las instrucciones de *Vanguardia* y escucha su voz, en el interior de tu cerebro, mientras lees las frases siguientes. Recuérdalo: repite mentalmente tres veces cada frase.)

Para poder realizar en otras ocasiones el ejercicio que llegaba a su mente, *Usted* empezó a tomar nota de las frases:

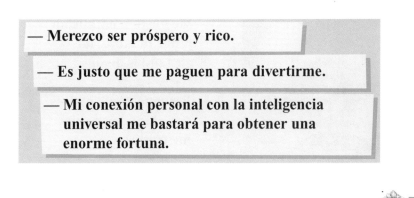

— **Merezco ser próspero y rico.**

— **Es justo que me paguen para divertirme.**

— **Mi conexión personal con la inteligencia universal me bastará para obtener una enorme fortuna.**

— Yo (di tu nombre, lector) merezco ser próspero y rico.

— Tú (di tu nombre) mereces ser próspero y rico.

— Él (vuelve a decir tu nombre, lector) merece ser próspero y rico.

— El dinero es mi amigo.

— Basta con que esté presente para obtener resultados maravillosos.

— Mi bienestar no tiene nada que ver con mi éxito económico.

— Perdono a mis padres y al médico que asistió a mi parto por el dolor que me causaron en mi nacimiento. Reconozco el amor de ellos por mí, y el mío por ellos.

— Yo quiero ahora tener éxito.

— Me gusto a mí mismo y, por lo tanto, me gustan los demás.

— Perdono a mis padres por el modo en que me trataron.

— Yo merezco amor, independientemente de que tenga éxito o no.

— Mi riqueza contribuye a mi libertad, y mi libertad contribuye a mi riqueza.

Ama lo que haces y el dinero aparecerá.

— Estoy convencido ahora de que existe suficiente para mí.

— Gano más de lo que gasto.

— Todo el dinero que gasto vuelve a mí multiplicado.

— Guardo para mí una parte de lo que gano.

— Durante todo el día aumento mis beneficios, independientemente de si estoy trabajando, divirtiéndome o durmiendo.

— Todas mis inversiones son lucrativas en dinero y en experiencias valiosas.

— Expulso la escasez de mi vida.

— Comparto mi prosperidad con los demás.

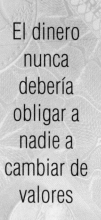

El dinero nunca debería obligar a nadie a cambiar de valores

Con estos mensajes grabados en su inconsciente, *Usted* empezó a imaginar que las cosas mejoraban en su vida.

La música seguía ayudando a su pensamiento a decantarse por ideas y sentimientos positivos. Se puso a imaginar y a experimentar situaciones de prosperidad y las implantó firmemente en su cerebro. De ahí al universo físico sólo había un paso.

—**Utilizar estas declaraciones cada día te reportará grandes beneficios, tanto personales como profesionales** —le dijo la voz interior—. **Haz este ejercicio todos los días, si fuera posible al despertarte, o a la hora que te sea más conveniente**.

—¿Puedo añadir otras frases que yo mismo cree? —preguntó *Usted.*

—**Sí, si así lo deseas, siempre que las formules en presente de indicativo y sean afirmativas. Es decir, evita expresiones como: «No quiero ser pobre»; di mejor: «Soy rico».**

Usted abrió los ojos y la música aún sonaba. Se sentía en paz, relajado y próspero, pero recordó que *Vanguardia* le había anunciado tres principios. De modo que la clase todavía no había terminado. Cogió el bolígrafo y esperó:

3) El principio de la finalidad y el objetivo

● **Una meta es algo distinto de un objetivo o una finalidad. La meta es una etapa en el camino hacia un objetivo mayor, hacia una finalidad en la vida. Es fundamental conocer nuestra finalidad en la vida para poder trazar nuestras metas. Al alinear mis metas con mi finalidad en la vida, el Universo pasará de inmediato a conspirar a mi favor. Si esa alineación se da en el ámbito de la prosperidad, nunca más volveré a tener problemas económicos en mi universo físico.**

Para descubrir mi finalidad en la vida es necesario que sepa la razón de mi existencia en este planeta. Para saber qué camino debo seguir, es fundamental que sepa adónde quiero ir. Este es un tema que debería tratarse ya en la enseñanza primaria: ¿Cuál es tu finalidad en la vida? Si todos intentáramos saber nuestra finalidad en este planeta, ciertamente la situación de la humanidad sería muchísimo mejor.

«Pero, ¿cómo descubrirlo? —se preguntó *Usted*, y dejó de escribir—. ¿Cómo puedo descubrir, sin temor a equivocarme, cuál es mi finalidad en la vida?»

La respuesta llegó enseguida por medio de la voz en su interior, que le pidió que se relajara de nuevo y se concentrara en una fase más de aquella maratón de autoconocimiento que debía conducirlo a la prosperidad.

—Escucha tu inconsciente, entra en contacto con verdades más íntimas. Busca dentro de ti la respuesta a estas preguntas:

¿Qué es lo que más te gusta hacer?

¿Qué más sabes hacer?

¿Qué anhelas hacer en esta vida?

_____
_____
_____

¿Cómo quieres contribuir al progreso de la humanidad?

_____
_____
_____

Después de responder a estas preguntas, procura definir tu objetivo, tu finalidad en la vida. No te limites a pequeños logros, a cosas que se alcancen con relativa facilidad. Establece un objetivo que sea grande en verdad, algo que te permita sentirte plenamente feliz y victorioso.

—¿Y si, con todo, no consigo averiguar cuál es mi finalidad en la vida o no estoy del todo seguro? —preguntó *Usted*—. ¿Qué hago entonces?

—Escribe. Aquí tienes una receta sencilla y muy poderosa:

»Llévate un vaso de agua a la cama. Bebe la mitad del agua antes de ponerte a dormir y, mientras lo haces, pregúntate: ¿Cuál es la finalidad de mi vida? ¿Cuál es mi objetivo en esta vida?

»A la mañana siguiente, bebe la otra mitad y plantéate las mismas preguntas. Silencia tu mente durante algunos instantes y la respuesta llegará.

—¿Se trata de magia? ¿Una superstición? ¿Simpatía?

—No, nada de eso. Cuando pones en práctica cualquier tecnología sofisticada, el efecto puede parecer mágico. Se trata de una técnica científica de condicionamiento pauloviano que conocemos como anclaje. En el fondo, es una técnica muy sencilla, basada en el principio de estímulo-respuesta: toda respuesta corresponde a un estímulo.

—Es simple, pero no fácil —comentó *Usted*, citando una frase que había leído hacía poco.

—**Vale la pena probarlo** —respondió la voz en el interior de *Usted*.

—¿Y las metas? ¿Cómo definirlas?

—**Cada meta es una etapa del trabajo que vas a hacer para construir tu propio destino. Puede ser**

La Tierra tendrá siempre el mismo tamaño, pero la población crece, de modo que los inmuebles serán siempre una gran inversión.

económica, física, profesional, familiar, mental o espiritual. Hay varios tipos de metas, pero es fundamental que no te limites a uno o dos de ellos, pues todos estos aspectos deben guardar un equilibrio en nuestra vida. Además, una meta debe ser precisa: tienes que definir con exactitud qué quieres alcanzar, adónde quieres llegar, para que tu cerebro pueda trabajar en esa dirección en sintonía con el Universo. También es necesario que le pongas fecha: una meta sólo será válida si te pones un plazo para alcanzarla. Y debes planificarla, porque no te despertarás de repente el último día del plazo con la meta ya realizada: debes trabajar para su consecución a partir de ahora, desde el momento en que te la plantees.

—¿La finalidad en la vida, entonces, es a más largo plazo, es más abstracta que la meta?

—Así es. Es más amplia y más espiritual. Es el destino hacia el cual deben dirigirse todas tus metas. ¿Cuál es tu finalidad en la vida? Respóndete esta pregunta y sigue, sin cesar y con confianza, el camino de esa finalidad.

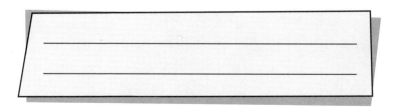

La voz interior se fue apagando y la música de la cinta llegó a su fin. *Usted* comprendió que las instrucciones de aquel domingo estaban terminando.

Sentado aún ante la mesa, abrió su agenda por la página del día en el que, en sueños, entró en contacto por primera vez con *Vanguardia*.

«Aumentar los ingresos un cien por ciento.»

Usted había escrito esta meta en su agenda y, con todo, no sabía todavía cómo llevarla a cabo. Se dio cuenta en ese instante de que le faltaba un detalle importante, y completó la frase.

«Aumentar los ingresos un cien por ciento en un plazo de seis meses.»

Y anotó en la página del día siguiente, lunes:

«Primer día de la nueva etapa: trabajar para la consecución de la meta».

Los millonarios están dispuestos a gastar dinero a cambio de consejos financieros de calidad.

Según la administración de la seguridad social estadounidense, entre los norteamericanos que alcanzan la edad de la jubilación, a los 65 años:

* el 45 por ciento dependen de sus familiares;

* el 30 por ciento se ven obligados a vivir de la caridad;

* el 23 por ciento todavía trabajan.

Sólo un 2 por ciento viven de sus propios recursos.

Otras estadísticas sorprendentes:

El 85 por ciento de los hombres en Estados Unidos no tienen, a los 65 años, ni una reserva de 250 dólares para su jubilación.

El 95 por ciento de todos aquellos que reconocen que han fracasado económicamente aseguran también que nunca elaboraron ningún plan para ganar dinero.

Fuente: Tod Barnhart, Os cinco rituais da riqueza *[Los cinco rituales de la riqueza], Record, Río de Janeiro, 1998.*

Es mucho mejor aventurarse con cosas imposibles, conquistar triunfos grandiosos, aunque sea a riesgo de fracasar, que actuar como los espíritus mediocres que ni ganan mucho ni pierden mucho y viven en la indolencia, sin conocer victorias ni derrotas.

THEODORE ROOSEVELT

Entender cómo funciona el engranaje

na sorpresa interesante al llegar al trabajo.

Todos los empleados habían sido convocados en el salón de conferencias para que asistieran a una presentación que versaba sobre el desarrollo empresarial. Era la primera de una serie de tres conferencias.

El gerente de la empresa presentó al orador, que enseguida empezó a hablar:

—**Vivimos tiempos de grandes y rápidas transformaciones. El conocimiento humano crece de forma exponencial y los desafíos son cada vez mayores..., pero el día sigue teniendo veinticuatro horas.**

»La revolución industrial nos obligó a cambiar la manera de hacer las cosas en este planeta. La revolución digital está cambiando nuestro modo de ser.

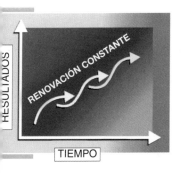

»Por desgracia, el sistema educativo no está preparado para acompañar esta revolución tecnológica. Incluso en las empresas que invierten en programas de formación, las enseñanzas que llegan suelen ser obsoletas y de aplicabilidad limitada. Sujetos a conceptos desfasados, la gran mayoría de individuos encuentra dificultades para seguir las profundas transformaciones del mundo actual.

Todos los empleados empezaron a prestar atención a las palabras del conferenciante y se mostraban de acuerdo con lo que decía, de modo que empezaron a anotar algunas ideas. La presentación siguió:

—El mundo de la empresa está asumiendo responsabilidades que antes correspondían a la iglesia, al gobierno y al sistema educativo. El puesto de trabajo representa un lugar de autorrealización en el que individuos normales obtienen resultados extraordinarios. Las empresas no pueden evitar de-

sempeñar este papel en la vida de sus empleados y empiezan a tomar conciencia de que el entusiasmo debe proceder del cambio y no de la estabilidad.

Usted estaba pendiente de cada una de aquellas palabras, valoraba cada idea expuesta y sentía que aquella filosofía era vanguardista, como si el orador fuera tan sólo el vehículo de algo jerárquicamente superior que se manifestaba a través de él.

—Cualquier administración —de una empresa, de una institución— debe empezar por una autoadministración; si no somos capaces de administrar nuestra vida, será difícil administrar la vida de otros. Además, si no nos administramos, alguien lo hará por nosotros, y quizá de una manera que no nos guste. La autoadministración tiene que ser en los ámbitos físico, mental, emocional y espiritual. Eso incluye la alimentación apropiada, el ejercicio regular, el ocio y la relajación, el control de las emociones y, ante todo, la apreciación de la espiritualidad. Parafraseando al teólogo jesuita francés Teilhard de Chardin: «No somos seres humanos que tienen una experiencia espiritual. Somos seres espirituales que tienen una experiencia humana».

»Tener una experiencia humana significa también vivir lo material, pagar los recibos a final de mes, etc.

Usted estaba encantado con todo lo que oía, pues entendía la profundidad de lo que decía el orador. Se sentía feliz por esa oportunidad de aprender. El orador, después de beber un poco de agua, siguió:

—El liderazgo desempeña un papel muy importante en el éxito de las empresas. De hecho, consiste en la capacidad de crear una visión apasionante, transformarla en realidad y mantenerla durante un largo periodo de tiempo.

»El líder es ante todo un visionario. La visión siempre antecede a la realidad, y así ser visionario significa permitirse pensar en lo «imposible» y atreverse a realizarlo. Una nación sin visión es una nación en peligro. Una empresa sin visión es una empresa en peligro. Un individuo sin visión es un individuo en peligro. El precio de esta ceguera puede ser la derrota de una nación, la quiebra de una empresa o el fracaso de una vida. Esta visión debe ir acompañada del compromiso de hacerla realidad. El compromiso genera una energía que permite que el sueño se convierta en meta y que la meta se transforme en realidad. El compromiso genera responsabilidad, poder y confianza.

«¡Dios mío, que bonito!» *Usted* pensaba en lo que el orador decía y lo comparaba con las enseñanzas de *Vanguardia*. Era lo mismo. Por una fracción de segundo, llegó a pensar que era *Vanguardia* quien hablaba. El conferenciante seguía su discurso sin interrupción:

—En la era de la agricultura, en el mundo mandaba quien tenía tierras. En la época industrial, mandaba quien tenía capital; y en la era de la información, manda quien dispone de información. Ha cambiado la moneda: ahora se dice que eres rico o pobre en información. Pero la información sólo es válida cuando se comunica. Así pues, en la época en que vivimos la comunicación se ha convertido en un factor esencial tanto para el éxito personal como para el profesional. La comunicación permite que las personas trabajen juntas, en armonía. Un grupo de personas inteligentes que piensen unidas con respeto mutuo e intuición obtendrán mejores resultados que cualquier individuo que piense solo, aunque sea la persona más inteligente.

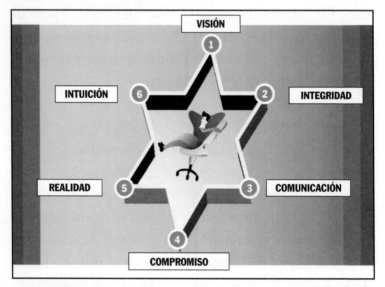

»Otros ingredientes importantes de esta receta del éxito son la integridad, la intuición y la capacidad de ser consciente de la realidad, en relación al mercado.

»La integridad es la «cola» que mantiene la empresa en una armonía congruente. El famoso doctor R. Buckminster Fuller, uno de los hombres más inteligentes del siglo XX, solía decir: «No todo lo que es lucrativo es íntegro. Pero todo aquello que es íntegro, a largo plazo resulta lucrativo».

»La intuición, según nuestra definición, significa tomar decisiones correctas con datos incompletos. Se ha generado más información en los últimos treinta años que en los cinco milenios precedentes.

»Los futurólogos prevén que a partir del año 2010 el volumen de información en el mundo se doblará cada tres meses. El proceso intuitivo es, pues, un poderoso y útil instrumento de navegación en el mundo caótico e imprevisible en que vivimos.

Usted seguía boquiabierto. Era como si estuviera descubriendo un mundo nuevo, y le hubiera gustado salir gritando: ¡eureka, eureka, eureka!

Un asistente, sentado en la primera fila, al ver que el conferenciante estaba a punto de anunciar un descanso, levantó la mano y preguntó:

—En su explicación de los ingredientes, usted mencionó la expresión «ser consciente de la realidad en relación al mercado». ¿Qué significa eso realmente?

El orador, con aire de satisfacción, se dirigió a quien había hecho la pregunta y respondió:

—**Para ir a cualquier lugar del planeta, o de la**

vida, es necesario saber de dónde se parte. En caso contrario, es imposible orientarse. Para sobrevivir en el mundo de los negocios es importante conocer bien el mercado. En cierta ocasión le preguntaron al presidente de Rolex: «¿Cómo va el mercado de los relojes?» Y él respondió: «No lo sé». «¿Cómo es posible que no lo sepa si usted fabrica el Rolex?». «Es cierto, pero el Rolex no es sólo un reloj, es una joya».

»Quien quiere sólo un reloj se compra un Casio, un Seiko..., pero no un Rolex. Además de eso, el empresario tiene que ser consciente de cómo lo perciben a él los demás y cómo perciben su empresa los clientes. Percepción y realidad, ilusión al fin y al cabo.

Al parecer, la persona que había hecho la pregunta no acabó de comprender la respuesta. Luego, el conferenciante anunció un descanso de 15 minutos.

Durante ese intervalo se siguió hablando del tema de la conferencia. Por desgracia, *Usted* tuvo que volver al trabajo y no asistió a la segunda parte.

> LA POBREZA NUNCA FUE, NO ES Y NUNCA SERÁ UNA VIRTUD. NO TIENES DERECHO A SER POBRE. ES UN PRECIO MUY ALTO PARA TI MISMO, POR TU FAMILIA Y LA SOCIEDAD EN QUE VIVES.

e hecho, el lunes fue un día rico en nuevas actitudes y providencias. Esa mañana se despertó temprano y se dirigió al trabajo decidido a defender su postura en aquel proyecto por el que se había enfrentado a su jefe. No le importaría darle la razón si la tuviera, pero estaba convencido de que su *feeling* no lo engañaba.

Más aún después de oír las palabras del conferenciante, se convenció de que no debía rehuir el tema. Por el contrario, estudiaría mejor el proyecto y le plantearía a su jefe, abiertamente, sus sugerencias.

Así que se puso a examinar el caso y anotar sus ideas antes de que las tareas del día le absorbieran demasiado, pero se dio cuenta de que no tendría suficiente tiempo. Tan pronto como llegó a esta conclusión tuvo una idea y decidió ponerla en práctica: fue a hablar con su jefe:

—Estoy trabajando en aquel proyecto del que hablamos el viernes pasado y quiero pedirle que me autorice a dedicarme en exclusiva a este tema hoy y mañana. Tengo que estudiar varios puntos. Estoy convencido de que serán ideas útiles para la empresa. ¿Puedo contar con su aprobación?

Era o todo o nada. El jefe estaba molesto con *Usted* y si sus ideas no eran tan buenas como decía tendría una excusa para apartarlo del proyecto. Aunque, si lo fueran, la empresa saldría ganando y él se quedaría con el mérito de haberle propuesto estudiar el tema.

Usted se pasó todo el día trabajando en ello, aplicando las ideas que *Vanguardia* le estaba enseñando. Trazó un perfil de la empresa y diseñó un objetivo grande y ambicioso. Definió metas elevadas, y empezó a crear propuestas atrevidas para facilitar un cambio de paradigmas en la empresa. Su intuición funcionaba a gran velocidad. El día pasó rápido y, al terminar la jornada laboral, su jefe fue a verlo para averiguar cómo iban las cosas.

—Está en marcha, está en marcha —dijo *Usted*, pues no quería entrar en detalles todavía. Guardó en una cartera los papeles con sus notas del día—. Me lo voy a llevar a casa para desarrollarlo un poco más y mañana, cuando termine, se lo mostraré, ¿de acuerdo?

—De acuerdo —respondió el jefe, curioso—. Hasta mañana, entonces.

Tanto en el aspecto personal como en el profesional, los acontecimientos en la vida de *Usted* estaban en plena efervescencia. Pero tenía la sensación de que aún le faltaban algunos elementos para disponer de una comprensión más amplia de la prosperidad y de sus secretos.

El valor del dinero lo determinan el comprador y el vendedor en el momento de la transacción.

Trabajó un poco en sus propuestas, que, a decir verdad, resultaban como mínimo atrevidas: un giro radical de la empresa en el mercado con la intención de convertirla en líder en su línea de productos. Pero pronto lo venció el sueño: o *Usted* estaba cansado o alguien lo citaba para una sesión más de enseñanza intensiva. Tal vez ambas cosas.

Durmió cuatro horas y llegó aquella imagen que *Usted* ya no olvidaría.

Está en el valle y percibe, con sentidos aguzados, el brillo de del que vibra en su cuerpo y en todo lo que directa o indirectamente toca. Sus rayos tienen sonido, un sonido continuo y armónico; traen en sí mismos todos los colores y giran en espirales que forman infinitos círculos dorados.

Usted mira hacia el sol y, como si se embarcara en sintonía con sus rayos, ve una rueda que gira. En ese girar dorado ve el día y la noche, lo femenino y lo masculino, el *yin* y el *yang,* el frío y el calor. Percibe entonces que cada uno de aquellos círculos está formado por dos que se mueven en sentidos opuestos y que se complementan. Es la energía que viene y va. Es la vida que late. Por un lado, da; por el otro, recibe. Un movimiento continuo.

La rueda de la abundancia

Puede ver en el círculo las cuatro estaciones: verano, invierno, otoño y primavera; y los cuatro elementos de la naturaleza: fuego, agua, tierra y aire. Lee cuatro palabras inscritas:

AGRADECER

DECLARAR

ARRIESGARSE

SOLICITAR

Lo observa extasiado cuando siente que alguien le toca el brazo. Es *Vanguardia*, que está junto a él.

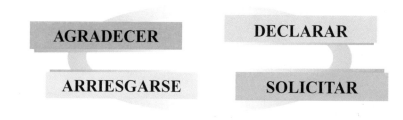

—**Agradecer, declarar, arriesgarse y solicitar. Lo que impulsa la Rueda de la Abundancia en todo el Universo y en nuestra propia vida son estas cuatro actitudes. Cuando sepamos equilibrar, en nuestra vida, las cuatro formas de acción, estaremos en sintonía con la abundancia.**

—¿Eso quiere decir que cada uno de nosotros participa directamente de la creación de la abundancia universal?

—**Cada uno de nosotros, en todo momento, está recibiendo, procesando, recreando y emitiendo energía vital. Y quien consigue sintonizar su movimiento individual con el movimiento del Universo vive en la abundancia.**

—¿Cómo? —pregunta *Usted*—. Porque hay personas con poquísimos recursos materiales, incluso sin nada.

—La prosperidad y la abundancia no sólo son dones materiales. Se manifiestan en el universo físico, pero existen en todas las dimensiones del Universo, en todos los planos. De modo que no pueden medirse por la cantidad de bienes materiales y sí por el estado del espíritu de cada individuo, de cada ser vivo.

Toda riqueza es creada por la mente humana.

—¿Y el estado de espíritu cambia la realidad física?

—La cambia, sí. ¿Sabes cómo? Por medio de esas cuatro acciones. Ya hemos hablado de una de ellas, la acción de declarar. Pero no toda declaración crea realidad. Por ejemplo: «Si yo tuviera dinero, haría lo que hace la gente rica, actuaría como la gente rica...». No es así. Debes declarar afirmativamente para ti mismo y para el Universo lo que deseas ser. Haz de la declaración una realidad en tu vida presente y no una promesa para el futuro.

—¡Afirmo que soy próspero!

—Eso es. Exactamente así. Al hacer esta afirmación estás creando algo en el Universo, incluso abundancia. «Afirmo que vivo en un Universo abundante.» Haz siempre esta afirmación para ti mismo y el Universo te dará abundancia.

—¡Afirmo que vivo en un Universo abundante!

—**Estas afirmaciones crean realidad** —explica *Vanguardia*—. **¿Recuerdas cuando te casaste? El matrimonio empezó a existir cuando os declararon marido y mujer, ¿verdad?**

—Afirmo que soy feliz y estoy sano —sigue declarando *Usted*, poniendo en práctica sus declaraciones afirmativas.

—**Otra acción fundamental en nuestra vida es pedir** —continúa *Vanguardia*—. **Un niño pide hasta que le dan lo que quiere, pero al adulto le da vergüenza pedir. Cuando dejas de pedir al Universo, la prosperidad se hace imposible. Uno de los casos de desequilibrio en la Rueda de la Abundancia es el del ladrón, pues no pide porque cree que no conseguirá lo que quiere a no ser que lo robe.**

—¿La oración religiosa es una forma de pedir al Universo?

—**Sí. Hay muchas maneras de pedir a los demás y al Universo. Algunas oraciones tienen un gran poder de vibración, pero nada impide que cada cual desarrolle su propia forma de solicitar algo al Universo. Otra acción que impulsa la Rueda de la Abundancia es la de arriesgarse.**

—¿Arriesgarse es no tener miedo?

¿Qué se hubiera perdido el mundo si tú no hubieras nacido?

—**Arriesgarse es superar el miedo** —responde *Vanguardia*—. **Uno se arriesga cuando desconoce el resultado final de una acción. Si se sabe el resultado no se puede hablar de arriesgarse, eso no es valentía. Se es valiente cuando no se sabe lo que va a suceder. El coraje es hacer algo arriesgado a pesar del miedo. Si no tienes miedo, no hay coraje.**

—¿Siempre que nos arriesgamos el Universo conspira a nuestro favor?

—**Cuando proyectas tu energía hacia fuera al realizar cosas, al arriesgarte, comprometiendo algo de tu capacidad de realización, el Universo aplaude tus actos y los retribuye. Pero también es fundamental retribuir al Universo. Agradecer. Quien da las gracias al Universo le está diciendo a su propio cerebro que todo va bien, y el Universo toma las medidas necesarias para que la realidad se manifieste. Aprovecha algunos momentos de tu jornada (aunque sean algunos segundos, pero todos los días) para dar las gracias por lo que tienes y te gustar tener y por lo que no tienes y no quieres tener. El cerebro recibe este *feedback* y realimenta la prosperidad. La mayoría de las personas reclama lo que no tiene y le gustaría tener, o lo que tuvo y ya no tiene. Pero no dan gracias al Universo.**

Vanguardia percibe que *Usted* está completamente abierto a lo que le explica y decide arriesgarse y sofisticar sus preguntas.

—Dime, *Usted*: ¿qué es lo que no tienes y ni siquiera sabes que te gustaría tener?

—???

Usted no tiene respuesta, pero comprende la profundidad de la pregunta y promete meditarla.

Es una conversación densa. *Usted* recupera el aliento y pregunta al maestro *Vanguardia*:

—¿Influye la velocidad de la Rueda en sus resultados y en nuestra vida?

—**Según la velocidad a que gire tendrás abundancia en tu vida. Y esa velocidad puede ir en aumento indefinidamente. Esto es así no sólo en la vida del individuo, sino también en las instituciones económicas humanas, en el gobierno de las empresas. Con lo que la Bolsa de valores de Nueva York facturaba en doce meses hace cien, años en la actualidad se podría pagar sus gastos de teléfono de un día.**

—¿Eso significa que toda la economía depende de ese movimiento?

—**Exactamente. La recesión, por ejemplo, no es más que una gran pérdida de velocidad de la Rueda de la**

> Haz todos los días algo que beneficie a otros. Sólo esta parte que prestamos para el bien de los demás es la parte viva de tu vida.
>
> *Seicho-No-Ie*

Abundancia. Es un fenómeno lingüístico. Nadie compra, nadie vende, hasta el punto de que la Rueda casi se detiene. A partir de ese momento vuelve a tomar velocidad.

—Estos problemas económicos, los individuales o los colectivos, ¿dependen siempre del modo en que participamos del movimiento de la Rueda de la Abundancia?

—En países como Brasil, la Rueda de la Abundancia gira a una velocidad inferior de la que sería deseable. Y entonces se culpa a las circunstancias. Falta esto, falta aquello, es por culpa del clima, del gobierno y de la mala voluntad de determinados grupos, es el boicot de otros, son los especuladores, los comerciantes, los funcionarios, los explotadores, es el *dumping*, son las calabazas o el tomate, el dólar y el petróleo, son los intereses de la deuda externa o el atraso tecnológico, la Constitución, el Congreso de los diputados, la falta de conciencia del pueblo, los empresarios o la crisis internacional. En la crisis de 1929 en Estados Unidos el dinero desapareció de las manos de muchos, pero no dejó de existir. ¿Qué ocurrió? Se concentró en manos de unos pocos. ¿Quiénes eran esos pocos? Aquellos que creían en la prosperidad.

—Así, sufrir o no los efectos de la economía del país o del mundo ¿depende de cada persona? —pregunta *Usted*

—Cada uno de nosotros decide si quiere participar o no en la recesión, o incluso en la infla-

ción. En chino, por ejemplo, la palabra CRISIS o, mejor dicho, el ideograma que representa esta palabra, lo forman dos símbolos, el que significa PELIGRO y el que significa OPORTUNIDAD. Es decir, el primer significado implica disminuir la velocidad de la Rueda de la Abundancia, y el segundo, aumentar esa velocidad. Y no hay incoherencia. Es una paradoja. Sugiere un equilibrio entre los dos movimientos. Durante una CRISIS tienes que aprender a transformar esta palabra en otra: CRECER. Haz que crezca el dinero.

—¿Es posible que todos ganen o para que alguien prospere otros tienen que ser pobres?

—El Universo es inteligente. Las cosas funcionan correctamente, sin que haya embotellamientos de estrellas ni colisiones de planetas. Ha sido creado para que todos salgamos ganando, siempre que entremos en contacto con las leyes universales y las sigamos. Es decir, siempre que estemos en sintonía con el equilibrio del Universo.

—¿Por qué los economistas no consiguen solucionar los problemas económicos?

—Porque sólo tienen en cuenta la dimensión humana y prescinden de las leyes universales. No te lleva a ninguna parte ir contra una ley, contra la de la gravedad, por ejemplo. Sería una pretensión estúpida… Del mismo modo, existen leyes universales que el conocimiento humano interpreta de forma distinta. Desde hace ya tiempo, el conocimiento se ha ido fragmentando en mil subdivisiones con el fin de facilitar la comprensión de la existencia a partir de una perspectiva especializada. La economía es una de estas subdivisiones del conocimiento, y se ha convertido en una visión limitada, parcial y tecno-

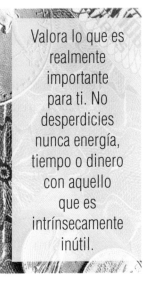

Valora lo que es realmente importante para ti. No desperdicies nunca energía, tiempo o dinero con aquello que es intrínsecamente inútil.

crática al distanciarse de las demás áreas del conocimiento humano. La economía no es sólo dinero o mercancías en movimiento, también es, con una visión mucho más amplia, un sistema de autorregulación de este planeta en el que vivimos y de sus relaciones con el cosmos.

—¿Por qué el dinero es fuente de tanto desequilibrio y de falta de armonía?

—Porque refleja el desequilibrio en relación con los demás y con el Universo. Mucha gente se enfrenta al dinero y a los negocios de una manera hostil, como si viviera en constante guerra. Se dan con frecuencia situaciones de hostilidad, que muchas veces ni siquiera percibimos, como la del padre que dice al hijo: «Nunca aceptes dinero de los amigos, pues a los amigos no se les cobra». Y entonces viene la madre y dice: «Nunca aceptes dinero de extraños». ¿Qué queda entonces? Sólo los enemigos. De modo que hacer negocios se convierte en un acto entre enemigos. Las relaciones profesionales también sufren de este «síndrome del enemigo». Te sientes culpable cuando recibes el dinero que te corresponde. Entonces la amistad con tu jefe se resiente, te resulta incómoda. Te peleas con él para vencer el sentimiento de culpabilidad. Y así vas, de empleo en empleo, luchando, hasta que sólo te quedan enemigos y te propones ganar su dinero...

El dinero nunca debe ser la razón principal para hacer las cosas

Usted pensó en su trabajo, y ese pensamiento hizo que despertara. Eran las cinco de la mañana en esa parte del Universo y el Sol estaba a punto de nacer. *Usted* se levantó para trabajar en el proyecto, aprovechando la ilustrativa conversación con *Vanguardia*.

La riqueza al alcance de todos

*Y*a en su oficina, aprovechó toda la mañana para definir las líneas generales de su proyecto y presentó sus ideas al jefe, quien se llevó un buen susto.

> Las empresas que no cambien ANTICIPADAMENTE no tendrán FUTURO.

—Pero… ¡lo que estás sugiriendo es un cambio total en nuestra manera de trabajar, desde la concepción de nuestros productos hasta la comercialización! Nuestra empresa ha tardado años en conquistar y mantener la posición de que goza en el mercado, y aún estamos subiendo. ¿Y crees que ahora vamos a dar un giro de estas características?

—Aún estamos a tiempo.

—¿Cómo?

—Si no cambiamos ahora, mientras aún estamos su-

> **El dinero es abundante para quienes entienden las leyes que gobiernan su adquisición.**

biendo, será mucho más difícil y llevará más tiempo hacerlo después, cuando empecemos a caer.

El jefe decidió que analizaría la propuesta con más calma. Tal vez la mostrara a la gerencia de la empresa. Al menos, sería una buena oportunidad para crucificarlo.

Usted volvió a su mesa excitado con los últimos sucesos. Parecía que sentía el movimiento de la Rueda de la Abundancia en su cerebro.

—**Andando con calma se llega antes. ¡Vayamos despacio, porque tenemos prisa!**

Cuando iba a comer, *Usted* reconoció enseguida aquella voz en medio de la gente que abarrotaba la calle. *Vanguardia* vestía traje, algo poco habitual en él. *Usted* se extrañó.

—¿Tan elegante? ¿Y andando por las calles de la ciudad?

—**Son muchas las dimensiones del Universo, y sintonizamos mejor con cada una de ellas cuando nos vestimos y actuamos en armonía con los demás. Allí donde fueres, haz lo que vieres.**

Para *Vanguardia* resultaba tan natural presentarse allí,

en el bullicio de la ciudad, como en la paz del valle paradisíaco. Era como si llevara consigo el valle, el riachuelo de aguas cristalinas en su venas, la luz del sol reflejada en su rostro.

—**¿Has contado tu dinero todos los días para trabar amistad con él?**

—La Rueda está girando tan rápido estos últimos días que me olvidé de hacerlo —se excusó *Usted*.

—**No olvides tocarlo con cariño y contarlo más de una vez al día. Es bueno recordar a los amigos, siempre. Y el dinero puede ser uno de nuestros grandes amigos, en cualquiera de sus cuatro movimientos.**

—¿Qué movimientos?

—**Los movimientos básicos que dan vigor a las Leyes de la Riqueza** —respondió *Vanguardia*.

—¿Leyes de la Riqueza? ¿Qué son esas leyes?

—**Son, sencillamente, un modelo que sirve de referencia a nuestra mente, como aquellas palabras que viste en la Rueda de la Abundancia. Muchas leyes de la ciencia son, en realidad, modelos que orientan nuestros conocimientos durante una determinada época, hasta que son substituidos por otros modelos, más sofisticados. Lo básico en un modelo es que sea útil; su verdad es siempre relativa.**

—¿Cómo es eso? ¿Lo que vi en aquel valle y tus instrucciones también son modelos?

—Son formas que tu propia mente traduce a partir de realidades multidimensionales que tu conciencia humana todavía percibe de un modo muy parcial —explicó, mientras entraba con *Usted* en el restaurante; en esta ocasión pidió comida al camarero.

—Átomos, protones, neutrones… —siguió *Vanguardia*—. Son palabras que designan los elementos más pequeños de la materia; las aprendimos en la escuela según un modelo formulado por Niels Bohr y han sido de uso común en la comunidad científica durante décadas. En la actualidad, en la física cuántica, el modelo de Niels Bohr ya no tiene sentido. Pero el hombre llegó a la Luna basándose en él. ¿Significa eso que estaba equivocado? No. Creó un modelo, a partir del cual la humanidad avanzó.

Suerte o desgracia es sólo una cuestión de interpretación.

—¿En las demás ciencias ocurre lo mismo?

—Así es en todos los modelos científicos y filosóficos. Las teorías de Freud, por ejemplo: ¿el inconsciente ya existía antes de que Freud teorizara acerca de él? Y hoy ¿existe? No lo sé, pero su teoría fue de gran utilidad para una serie de avances en el conocimiento humano.

—¿Y las leyes de la riqueza? —insistió *Usted*.

—Ganar, gastar, ahorrar e invertir. Estos son los cuatro movimientos básicos del Círculo de la Abundancia. Seremos más prósperos si vivimos esos movimientos en equilibrio y sintonía con las leyes del Universo. ¿Quieres que te los explique uno a uno?

—¡Claro!

—De momento sólo te hablaré un poco de los dos primeros. En otro momento, después de esta etapa por la que estás pasando ahora, ya profundizaremos en los otros dos.

—¡De acuerdo! —respondió *Usted*, curioso ante las nuevas revelaciones de *Vanguardia*.

—Ante todo hablaremos de la *ley de ganar* — explicó—. El equilibrio con esta ley consiste en disponer de una renta suficiente que nos evite preocuparnos por el dinero y nos permita hacer otras cosas importantes en la vida.

—¿Y cómo se consigue?

—Sobre todo con la mente. La riqueza la crea la mente humana. Y una firme voluntad. Es más fácil para un mosquito entrar en tu boca que para ti encontrarte con la prosperidad sin haber pensado en ella. Lo que ocurre es que en nuestra mente perviven mitos que interfieren en la sintonía con esa ley.

—¿De qué mitos se trata?

—Son muchos, pero te diré algunos. Por ejemplo, que para ser rico hay que trabajar mucho.

—¿Y eso no es cierto?

—No. Es un mito. Muchas personas están tan ocupadas trabajando que no tienen tiempo ni para ganar dinero. Sólo trabajar no aporta riqueza. Lo que sí la aporta es el pensamiento abstracto, es la amplitud de miras, son las ideas atrevidas y sutiles.

—¿Quieres decir que todo mi esfuerzo en el trabajo hasta ahora ha sido en vano?

—Así es, al menos hasta que hemos empezado a hablar de la prosperidad. Desde hace unos días, has mejorado tu puntería…

—¿Por qué? ¿Qué va a ocurrir?

—Pronto lo verás. Bien, otro de los mitos es la creencia de que no es correcto divertirte con el trabajo y que te paguen por ello. Mucha gente piensa que sólo trabajar en aquello que le gusta no da dinero. Quien tiene el coraje de dedicar su energía a aquello que más le gusta, con las miras puestas en la prosperidad, la consigue. Cuando alguien se propone dar ese salto y cobra dinero por practicar su *hobby* preferido, el Universo se pone a su entera disposición.

> CORAJE significa hacer las cosas A PESAR DEL MIEDO.

—¿De verdad? ¿Y por qué este tipo de aventuras a veces no salen bien?

—**Porque en su fuero interno la persona duda, sigue sintiéndose culpable por pasárselo bien y ganar dinero al mismo tiempo. Otro mito es el de que el secreto del éxito económico es disponer del trabajo adecuado. Mucha gente piensa: «¡Ay!, si hubiera acertado con mi profesión. Si hubiera...». Otros disculpan sus propios fracasos de este modo: «Como no tengo estudios...». Eso es un error, una creencia absurda.**

—¿Y no es importante hacer lo que nos gusta?

—**Más importante es que te guste lo que haces.**

—¿No se contradice eso con lo que dijiste de trabajar divirtiéndose?

—**Sólo es una paradoja. La vida está llena de ellas...**

Usted no lo entendía demasiado bien, pero prefirió dejar que la conversación siguiera adelante; quería aprovechar al máximo el tiempo de que disponía para comer.

—De acuerdo. ¿Qué otros mitos hay?

—**Otro mito es el que afirma que con una buena formación está garantizado el éxito económico. Si la formación intelectual estuviera en la raíz de la riqueza, los profesores universitarios serían, casi todos ellos, millonarios. No obstante, en Estados**

Unidos muchos universitarios con doctorado incluido engrosan las filas del desempleo, mientras que otros hombres, gente brillante, han hecho fortuna y han aportado grandes avances a la humanidad sin haber pasado de la enseñanza primaria; Thomas Edison y Henry Ford, por ejemplo.

—Entonces ¿puede que demasiada formación sea un obstáculo?

—En algunos casos, sí, cuando alguien se desvía de sus intereses reales, de su auténtico talento. Hay personas que se realizarían perfectamente trabajando en una cafetería o en una oficina, por ejemplo, y que, para satisfacer a sus padres o incluso a la sociedad, ostentan en las paredes de su casa diplomas de profesiones para las que no son aptos.

—¿Hay más mitos como estos? —preguntó *Usted*, curioso por saber si encajaría él en alguno.

—Hay gente que afirma: «No hay suficiente riqueza para todos». Incluso hay quien dice que «Si ganara mucho dinero y fuera millonario, otros serían pobres por mi culpa». Eso no es cierto. Cuanto más rico seas, más rico será el Universo. Otros mitos los comentamos antes, cuando hablábamos de las creencias que limitan la prospe-

> Intentar
> lo imposible
> es la manera
> de realizar
> lo posible.
>
> *Henri Barbusse*

ridad, como «el dinero es algo sucio», «el dinero no crece en los árboles» y otras supersticiones arraigadas en la pobreza de las personas.

—¿Y la *ley de gastar*? —atajó *Usted*, pues habían terminado de comer.

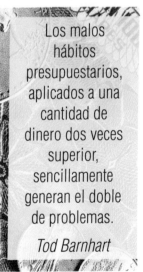

—**Paga mi cuenta y te lo explicaré por el camino...** —dijo el viejo sabio, con una sonrisa pícara—. **Pagarás mi comida no porque yo no tenga dinero, pues lo tengo, y mucho, sino para darte la oportunidad de que practiques la generosidad. ¿Conoces la diferencia entre caridad y generosidad?**

—No, ¿cuál es? —*Usted* se encontraba con nuevos desafíos a su capacidad de hacer distinciones.

—**Pronto te la explicaré** —respondió *Vanguardia*—. **Y no sólo la diferencia, también la importancia de saber distinguir entre caridad y generosidad y cómo practicar tanto la una y la otra.**

Los malos hábitos presupuestarios, aplicados a una cantidad de dinero dos veces superior, sencillamente generan el doble de problemas.

Tod Barnhart

[14]Y al desembarcar vio una gran muchedumbre, y se le enterneció con ellos el corazón, y curó sus enfermos.

[15]Venido el atardecer, llegáronse a él los discípulos, diciéndole: «El lugar es solitario y la hora ya pasada; despide, pues, las turbas para que, yendo a las aldeas, se compren algo de comer».

[16]Mas Jesús les dijo: «No tienen necesidad de marcharse; dadles vosotros de comer».

[17]Ellos le dijeron: «No tenemos aquí sino cinco panes y dos peces».

[18]Él dijo: «Traédmelos acá».

[19]Y después de ordenar que las turbas se recostasen sobre la hierba, habiendo tomado los cinco panes y los dos peces, alzando los ojos al cielo, recitó la bendición, y partiendo los panes, los dio a los discípulos, y los discípulos a las turbas.

[20]Y comieron todos, y se saciaron; y recogieron lo sobrante de los pedazos, doce canastos llenos.

[21]Y los que habían comido eran como cinco mil hombres, sin contar mujeres y niños.

El milagro de la multiplicación de los panes y los peces es un ejemplo típico de prosperidad. El pan simboliza la materia del Universo, que podemos moldear con nuestros pensamientos y nuestras palabras. El pescado simboliza las ideas de crecimiento y multiplicación. Esta es la abundancia en acción. La Biblia es, sin duda, el más completo libro de prosperidad. La palabra «oro» aparece más de 400 veces. Algunos teólogos afirman que de las promesas bíblicas, más de mil son de prosperidad. La verdadera prosperidad tiene, por lo tanto, una base espiritual.

Jesús utilizaba en sus sermones muchas parábolas de prosperidad, y muchos de sus milagros fueron milagros de prosperidad.

Multiplicar recursos

Cuánto vale este reloj? —preguntó el anciano a un vendedor ambulante de «productos de importación» que se había instalado en la acera, frente al restaurante.

—Diez dólares —respondió el vendedor, que, al parecer, conocía el cambio de la moneda estadounidense.

Hizo otra vez la misma pregunta, pero en esta ocasión en una joyería, ante un Rolex.

—Cinco mil dólares —contestó el vendedor.

—¿Lo ves? —comentó entonces el anciano mientras se colocaba el recién adquirido reloj en la muñeca—. **Tienen la misma utilidad, aunque éste, que tal vez sea un poco mejor técnicamente, es muchísimo más valioso porque, más que un reloj, es una joya.**

—¿Es esto la ley de gastar?

—Ese es uno de sus aspectos. Los precios son arbitrarios, dependen siempre de un acuerdo entre las dos partes que negocian. El valor del dinero lo determinan quien compra y quien vende, y no el producto en sí. Todo en el universo físico es negociable. Por ejemplo, ¿quieres hacer un negocio conmigo?

—Sí, pero, ¿qué negocio?

—Tienes un billete de un dólar que te sirve de amuleto, ¿verdad?

—Sí, lo llevo conmigo —respondió *Usted*; comprendió entonces que aquel episodio del billete que había encontrado en el suelo era cosa de *Vanguardia*.

—Te propongo cambiar ese dólar por una cinta de música de las que se utilizan en el proceso de aprendizaje acelerado y que se venden en cualquier tienda al precio de treinta dólares. ¿Aceptas? ¿Un dólar por algo que vale treinta?

El poder fluye hacia quien tiene conocimiento.

Elbert Hubbard

Usted lo pensó unos instantes y respondió:

—No.

—Bien. ¿Entiendes un poco mejor ahora la *ley de gastar*? Ese billete tiene para ti un valor especial. Y ese valor es distinto para cada persona y para cada circunstancia. Imagina lo siguiente: **Estás perdido en una isla de un afluente del Amazonas, en plena selva. Llevas contigo, en tu mochila, diez mil dólares. Aparece entonces un grupo de indios que nunca han visto papel moneda y tú les propones que te transporten en canoa río abajo cien kilómetros a cambio de todo ese dinero. ¿Qué oportunidades hay de que acepten tu propuesta?**

—Supongo que sería difícil que la aceptaran por dinero.

—**Imagina ahora la misma situación ante el propietario de un barco en Miami, aunque en este caso la distancia a recorrer es de mil kilómetros, es decir, diez veces mayor, mientras que la cantidad que le ofreces es la misma que ofrecías a los indios. ¿Qué oportunidades hay de que acepte?**

—Muchas más, ¿no es cierto?

—**Claro que sí. El valor del dinero lo determinan el comprador y el vendedor en cada transacción. Recuerda esta ley siempre que vayas a comprar algo.**

—Pero gastar dinero es bueno, ¿no?

—**Es estupendo, si el dinero está bien gastado. Ganar, gastar; ganar, gastar; una cosa lleva a la otra. Si no te gusta lo que tienes que hacer para ganar dinero, no desearás gastar para no necesitar ganar más. Lo que no puede ser es gastar sin ganar.**

—Entonces, ¿gastar dinero puede atraer más riqueza?

—**¿Qué ocurre cuando tiras un vaso de agua al río?**

—Bien… que las aguas se mezclan.

—**¿Y a continuación?**

—El río va a parar al mar, ¿no es eso?

—**Así es. El agua del vaso se mezcla con las aguas del río, que, a su vez, fluyen para unirse a las aguas del mar. Eso ocurre con el agua y ocurre con el dinero; el dinero atrae dinero, la pobreza atrae pobreza. Y más aún: quien abre la mente de forma positiva a la prosperidad, atrae más prosperidad. Quien vive pensando en la enfermedad, acaba enfermo. Quien piensa en el dinero y mantiene con él una relación positiva, atrae hacia sí la riqueza. Las cosas semejantes se atraen. Es una ley universal tan sencilla y cierta como la ley de la gravedad.**

—Las cosas semejantes se atraen… ¿Por eso la gente rica tiene más crédito?

—**Por supuesto. Quien pide dinero al banco diciendo que lo necesita, no lo consigue. Sólo quien demuestra que no lo necesita lo obtiene. El crédito es paradójico, pero obedece a este ley de gastar.**

—¿Y gastar para ayudar a otros? ¿Ayuda también a ganar más dinero?

—**Es posible, siempre que se comprenda la dife-**

rencia entre caridad y generosidad. Cuando doy algo a alguien que lo necesita, hago caridad. Cuando también doy a quien no lo necesita, practico la generosidad. Para ser próspero hay que practicar ambas cosas. Si sólo das a quien lo necesita, le estás diciendo a tu cerebro: «En este mundo sólo se ayuda a quien lo necesita, de modo que seguiré necesitando para poder ganar». Si además eres generoso y das a quien no lo necesita, estarás pensando así: «Incluso quien no lo necesita recibe ayuda». Piénsalo para ti y los demás serán generosos contigo.

A veces es posible transformar lo imposible en una posibilidad por medio de una simple decisión.

Vanguardia lo sorprendía con conceptos en ocasiones opuestos a todo lo que *Usted* pensaba anteriormente. ¿Cómo explicaría él la antigua historia del camello? Pero, sin darle tiempo a preguntar nada, el anciano siguió comentando la *ley de gastar*.

—Las paradojas de la ley de gastar son interesantes. Si gastas dinero en el presente, tendrás más dinero para ese propósito en el futuro.

—¿Cuál es la mejor manera de gastar dinero?

—La mejor inversión que puedes hacer en esta vida es en ti mismo. Invierte en cursos y seminarios, por ejemplo, en mejorar y en ponerte al día. Leer buenos libros también es otra gran inversión. No debes dejar de estudiar porque hayas terminado tu carrera universitaria. Y si una persona no ha seguido estudios superiores, no por ello debe dejar de estudiar y progresar en aquello que le gusta. En la vida hay que invertir siempre, sin parar, para perfeccionarse, crecer, aprender, progresar.

—¿Incluso la gente de éxito, quienes ya lo saben todo de su profesión, deben seguir estudiando?

—**El éxito en el pasado no es garantía de éxito en el futuro. Ser competente ahora no significa que lo seas siempre, porque el conocimiento y las tecnologías cambian. Siempre es necesario reciclarse (la vida es eso, ese eterno movimiento) para estar en sintonía con la prosperidad. Que tengas suerte en tu trabajo.**

> Nunca confundas movimiento con acción.
>
> *Ernest Hemingway*

Usted, entretenido como estaba con las palabras de *Vanguardia*, no se había dado cuenta de que habían llegado a las puertas de su empresa. Le dio las gracias y se despidió de él, aunque no acababa de entender el sentido de aquel deseo de buena suerte.

Conocimiento y poder

quella mañana, al entrar en la empresa, *Usted* se dirigió directamente hacia la sala de actos, pues tenía lugar la segunda conferencia sobre el éxito empresarial.

Estaba satisfecho porque sabía que iba a aprender más y procuró sentarse cerca del estrado. El orador, con la misma energía de la vez anterior, ya estaba preparado para empezar.

—Buenos días, señoras y señores. Es un gran placer para mí estar de nuevo con ustedes para la segunda de las tres conferencias programadas. La de hoy versará sobre negociación, motivación, innovación empresarial, cultura de las organizaciones y trabajo en equipo.

»Como ya decía Benjamin Franklin: "Sólo habrá negocio cuando ambas partes salgan beneficiadas. Para que yo gane no es necesario que tú pierdas, a no ser que tú insistas en que así sea, y entonces es tu problema. Las mejores negociaciones son aquellas en las que ambas partes quedan satisfechas". Ustedes, como personas dedicadas a los negocios, tienen que saber cómo negociar. Hay varios factores necesarios para convertirse en un buen negociador. Ante todo hay que procurar negociar con quien tiene capacidad de decisión. El veinte por ciento de las negociaciones no llegan a buen término porque se trata con quien no tiene autonomía para cerrar la negociación en curso.

Usted escuchaba atentamente y recordaba las ocasiones en que eso mismo le había ocurrido a él.

—Es importante que conozcan bien a su interlocutor, cuáles son sus valores. Es importante hacer preguntas y escuchar activamente. Lo que para unos puede ser un éxito, para otros representará un fracaso.

—Antes de iniciar una negociación es necesario un trabajo previo de preparación: se trata de determinar los objetivos y las concesiones que se pueden hacer. Siempre habrá objeciones durante una negociación, implícitas y explícitas, que se resumen en dos puntos críticos: tiempo y dinero. Procuren hablar en términos de inversión y no de precio. Psicológicamente, la palabra "precio" recuerda la imagen de algo que sale del bolsillo. "Inversión", en cambio, significa que algo está creciendo, que aumenta el valor de algo. El lenguaje crea realidad.

> Substituye la palabra PRECIO por la palabra INVERSIÓN.

El más profundo **DESEO** del ser humano es ser **APRECIADO**.

Usted estaba de acuerdo con todo lo que el orador decía; estaba aprovechando al máximo la conferencia, e incluso tomaba notas.

—**Es importante que el empresario sepa cómo motivar a sus empleados. La gente no suele cambiar de actitudes a no ser que se incentive claramente ese cambio mediante una recompensa. Los aspectos de la motivación más importantes para un empleado son: la autorrealización, la oportunidad de progresar en el puesto de trabajo, el aumento de responsabilidades y el reconocimiento por un trabajo bien hecho. Como decía el doctor William James, considerado el padre de la psicología moderna: «El más profundo deseo del ser humano es ser apreciado».**

En aquel momento empezó a sonar un teléfono móvil, que incomodó a los participantes. *Usted* estaba indignado por aquella falta de consideración. Hemos sido capaces de vivir miles de años sin teléfono y ahora no somos capaces de desconectar nuestros teléfonos celulares durante algunos minutos. El orador dejó de hablar y esperó a que atendieran la llamada. Todos miraron con impaciencia al sujeto del teléfono. Estaba robando el tiempo de los empleados de la empresa, y eso era una grave desconsideración hacia todos.

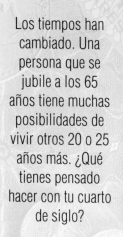

Los tiempos han cambiado. Una persona que se jubile a los 65 años tiene muchas posibilidades de vivir otros 20 o 25 años más. ¿Qué tienes pensado hacer con tu cuarto de siglo?

El orador retomó el hilo de la conferencia para resaltar la importancia de la innovación constante de la empresa:

—**Para ello es necesario entender la cultura empresarial. Para innovar, muchas veces es preciso cambiar la cultura vigente.**

»Para cambiar una cultura es necesario entender cómo se forma, cómo se mantiene, cuál sería la cultura ideal para la empresa en cuestión, lo que haría falta para llegar a ella y qué se debería hacer para mantenerla una vez conseguida. Algunas normas culturales útiles para todas las empresas son: saber apreciar el trabajo hecho, hablar bien de la empresa para la que se trabaja, ser responsable de los propios actos y de los de aquellos que trabajan para ustedes, tratar a todo el mundo con respeto, compartir la información, confiar en la administración de la empresa y, sobre todo, formar parte de la solución y no del problema.

El jefe de *Usted* le guiñó un ojo. Era un mensaje obvio: «Tenemos que instaurar algunas de estas normas aquí, en nuestra empresa».

Durante el intermedio, todos intentaron acercarse al orador para escuchar algunas de sus respuestas a las preguntas de los directivos de la empresa. En esta ocasión, *Us-*

ted decidió quedarse a escuchar la segunda parte de la presentación.

—Lo dice Ralph Kilmann, uno de los expertos en cambio de cultura empresarial en Estados Unidos: «Para entender el alma de una organización, debemos viajar por el mundo subterráneo de la cultura corporativa».

»Otro punto que es importante entender es que la inteligencia de una empresa es vectorial. Si cuatro vectores ejercen una fuerza en una dirección y otro vector la ejerce en sentido contrario, la suma de esos vectores será tres y no cinco. La inteligencia de una colmena siempre será superior a la de cualquier abeja. Por desgracia, no puede decirse lo mismo de los seres humanos.

»La suma de dos personas que trabajan juntas puede ser inferior a dos (autodestrucción), igual a dos (lo cual significa que los dos individuos trabajan como si estuvieran solos) o superior a dos (sinergia). El trabajo en equipo es fundamental para el éxito de la empresa. En un equipo, el éxito de una persona y el éxito de otra son interdependientes. El trabajo en equipo crea una atmósfera psicológica de seguridad que permite que sus miembros sean más propensos a arriesgarse e innovar.

La conferencia terminó y los asistentes la agradecieron con un fuerte aplauso. Después todos se fueron a comer.

Una pequeña inversión, potenciada por el factor tiempo, da como resultado una cantidad considerable

Inversión mensual *	5 años	10 años	15 años	20 años	25 años	30 años	35 años
$ 30	2.323	6.145	12.434	22.780	39.805	67.814	113.899
$ 60	4.645	12.290	24.867	45.561	79.610	135.628	227.798
$ 120	9.292	24.581	49.736	91.124	159.219	271.258	455.596
$ 240	18.584	49.162	99.472	182.248	318.440	542.516	911.192
$ 600	46.461	122.906	248.682	455.820	796.099	1.356.292	2.277.982

* Considerando un interés anual del 10 por ciento, intereses compuestos mensualmente y reinvertidos.

El futuro en el presente

e gusta el circo, *Usted*?

El director, que lo había llamado a su despacho, le hizo esta insólita pregunta.

«¿Adónde querrá ir a parar con esta pregunta?», pensó *Usted*, preocupado porque era un hombre del que se decía que no tenía pelos en la lengua.

—Me gusta. Siempre que hay un buen espectáculo en la ciudad llevo a mis hijos —respondió *Usted*, mientras intentaba conservar la calma y pensaba: «¿Saldré de aquí crucificado?».

—¿Y los trapecistas?

—Es una de las atracciones que más me gustan del circo —y entonces decidió arriesgarse—: ¿Y a usted?

—Cuando el trapecista suelta el trapecio en el que se sostiene y aún no llega al otro, que se balancea, ¿a qué se aferra?

—Durante unos instantes, a nada. Se queda en el vacío. Es decir, se aferra sólo a la idea de la meta que quiere alcanzar.

—¿Y tú crees que una empresa de nuestras características haría algo parecido? —preguntó el director, y se levantó con una copia del proyecto de *Usted* en sus manos.

—Bien… —no sabía qué decir; él mismo estaba en el aire—, eso depende del rumbo que la dirección quiera dar a la empresa…

—¡Exacto! —lo interrumpió de pronto el director.

Más sorprendido quedó aún *Usted* cuando empezó a explicarle por qué lo había llamado a su despacho.

—Tus ideas han llegado a conocimiento del presidente exactamente en el momento en que estábamos reunidos para tomar grandes decisiones. La situación económica del país ha dividido al equipo directivo. Se ha planteado incluso la posibilidad de reducir costes y, con ello, la plantilla. Y en medio de esta discusión han llegado tus propuestas, y algunos de inmediato las han tachado de descabelladas…

Usted sudaba, ansioso por saber cómo había terminado todo, pero el director hablaba lentamente a propósito, como si le complaciera su curiosidad.

—…Ocurre que tus ideas descabelladas eran exactamente lo que yo necesitaba para una apuesta decisiva. Entre permanecer estancados, en equilibrio siempre en el mismo trapecio, de aquí para allá, y saltar al otro, prefiero esta opción, apostar fuerte, aunque sea arriesgado. Mientras explicaba mi postura, otros directores empezaron a simpatizar con estas ideas, pero otros no. Y la temperatura subió.

—¿Y entonces?

—Entonces decidimos saltar al otro trapecio. Vamos a innovar; cambiaremos nuestro perfil en varios aspectos, los que tú apuntabas. Empezaremos la nueva etapa de inmediato. Queremos estar al frente, ir hacia delante. Y te invitamos a que asumas la coordinación de estos cambios y aceptes la dirección de la oficina que vamos a abrir en Estados Unidos. ¿Qué me dices?

Usted no sabía qué pensar. Las palabras «estar al frente» y «hacia delante» le recordaban la definición de «vanguardia» que había leído en el diccionario, y oyó entonces el melodioso sonido de los puntitos brillantes que aparecieron aquella noche en la que todo había empezado.

Era consciente de que no siempre las cosas tenían un final feliz como aquel. Cuando dependemos de los demás, cuando somos simples empleados, subordinados, no siempre tenemos la oportunidad de ofrecer nuestras corazonadas. En ese sentido él se sentía un privilegiado, pues todo estaba saliendo bien. Sabía, a ciencia cierta, que la mano divina había contribuido a este desenlace.

¿Y las leyes de *ahorrar* e *invertir*? ¿Cuándo le explicaría *Vanguardia* los detalles que faltaban?

Habían pasado dos semanas desde aquella conversación, la última, sobre ganar y gastar, y el anciano no había vuelto a aparecer.

—Tal vez haya cubierto una etapa en el trabajo conmigo y ahora se dedica a otras personas —le comentó a su mujer, después de explicarle en detalle toda la historia.

En ese preciso momento llamaron a la puerta. Era el cartero, que traía una carta sin remite, un sobre igual al del «billete premiado» que se había desintegrado en sus manos. ¿Sería un nuevo mensaje de él?

Lo era. Escrito con letras doradas, vio pequeños mensajes que sólo podían proceder de *Vanguardia*:

Coge una fotografía tuya,
un retrato de cuando tenías
siete años de edad.
Ese niño todavía vive,
con la misma edad,
dentro del adulto que eres tú.
Mira el retrato todos los días,
por la mañana,
y pregúntate:
«¿Cómo complaceré a este niño hoy?».

Trabaja tu futuro en el presente,
estimulando con autoestima
y mucha confianza
al niño que fuiste y aún existe en ti.
Lo que para él fue futuro
ahora es el presente
del adulto que hoy eres.

Cuanto más te guste este niño,
más gustarás de ti.
Y si das un buen futuro a tu pasado
(en el presente que vives hoy),
estarás construyendo para ti
un buen futuro del presente.

No conjugues para ti
los verbos en condicional
(«Yo sería próspero»),
pues el mejor futuro de tu pasado
es el presente del indicativo
(«¡Yo soy próspero!»).
Porque con ese presente se forma
el verdadero futuro del presente
(«¡Yo seré cada vez más próspero!»)

Desactivar creencias,
hurgar en el inconsciente
es como dinamitar la estructura
de un puente. Tal vez no caiga
el mismo día, pero lo hará en breve.

Mensaje especial para ti,
para ti mismo,
que estas leyendo estas palabras:
Se está estremeciendo tu estructura de
pobreza, y en su lugar crecerá,
definitiva y sin límites, la prosperidad

Una limusina conduce a *Usted* a las *Twin Towers*, al restaurante *Windows on the World*, donde tendrá lugar la presentación de la división internacional de su empresa en Nueva York. Se ha venido preparando para este acontecimiento desde hace meses, y en ese tiempo su vida ha cambiado por completo. La familia prácticamente se ha acostumbrado ya al nuevo ritmo, y el proyecto de cambio de perfil de la empresa está dando resultados. Al pensar en todo lo que le ha ocurrido, en que hasta hace poco era un empleado de cuarto nivel, *Usted* percibe con nitidez que no se trata tan sólo de suerte.

Según decía *Vanguardia*, todo conspira en el universo físico para que se realicen las situaciones que ya existen en ti. Puede variar la manera en que las cosas suceden, pero el objetivo siempre se alcanza cuando la persona apunta en la dirección correcta y va bien encaminada. En el caso de *Usted*, aunque la dirección de la empresa no hubiera aceptado sus ideas, y su trayectoria hubiera sido otra distinta, es decir, dejar aquel empleo e iniciar otro proyecto, sin duda alguna el resultado habría sido una situación idéntica a la actual.

Mientras se mueve por el concurrido cóctel, entre personajes del mundo empresarial, político y cultural, *Usted* lamenta sólo un detalle: la ausencia de *Vanguardia*, en persona, tal como lo vio la última vez. *Usted* alimenta la secreta creencia de que aún lo verá, en otras circunstancias, aunque sólo sea para completar las lec-

200

ciones sobre las leyes de la riqueza.

Esa nostalgia por los momentos pasados con *Vanguardia* lo invita a aislarse unos instantes de la fiesta para agradecer, en silencio, la ayuda que le proporcionó.

—¿Aún pasarías por el ojo de una aguja?

Era él, vestido con un esmoquin dorado, que lo esperaba sentado a una mesa del rincón. Emocionado, *Usted* queda mudo, sin saber qué decir. Pasa un camarero y les ofrece dos copas. *Usted* y *Vanguardia* brindan:

—¡Por la prosperidad!

—La verdadera prosperidad pasa por el ojo de una aguja. ¿Sabes lo que eso quiere decir?

—Siempre deseé saberlo, desde que era niño.

—Poca gente conoce el verdadero sentido de esta metáfora, que llegó a nosotros a través de las palabras de Jesús. Él hablaba mucho en parábolas, para que la gente de aquella época entendiera mejor

sus enseñanzas. Sus palabras fueron traducidas e interpretadas al pie de la letra por los evangelizadores de los siglos siguientes; lo que ocurre es que los símbolos metafóricos de ahora son otros y varían, además, con cada cultura.

—Pero, ¿y el camello que pasa por el ojo de la aguja? —*Usted* se mostró ansioso, pues su presencia era necesaria en el cóctel.

—**Tranquilo. Tu presencia ya está integrada en este acontecimiento de hoy. No te preocupes por estar en todo momento. Dedícate ahora a ti mismo.**

—Tienes razón —respondió *Usted*. Respiró hondo y se relajó para sacar el máximo provecho de las palabras de *Vanguardia*.

—**En Jerusalén, hace centenares de años, una ley prohibía la entrada de camellos cargados a la ciudad después del atardecer. Para garantizar el cumplimiento de la ley, por las noches sólo se abrían los portales más pequeños y bajos, que se llamaban precisamente ojos de aguja. Por esas puertas los camellos sólo podían pasar de rodillas. Si fueran cargados, no conseguirían arrodillarse ni pasar por el ojo de la aguja. Tenían que dejar la carga fuera, del mismo modo que nosotros tenemos que dejar en este mundo los bienes materiales cuando partimos de esta vida.**

—¿Y basta dejar la carga material para entrar por ese portal?

—Desde luego, es muy importante, pues implica desapego, desprenderse de las posesiones materiales. Pero eso no es todo. E incluso gente que conoce el significado de esta metáfora pocas veces cae en la cuenta de lo principal: además de dejar la carga, para entrar en la ciudad los camellos tienen que arrodillarse. Las rodillas son símbolos de poder en numerosas tradiciones antiguas. Postrarse de rodillas equivale a tener fe, confianza, sintonía con la tierra (las rodillas están en la tierra) y con el Universo (los ojos en lo alto). Y, al mismo tiempo, ser humilde ante el poder universal y fuerte de cuerpo físico, y tener autoridad como ser humano. Y, sobre todo, ejercitar el poder personal como creadores que somos todos nosotros de este Universo infinito, eterno y próspero.

Requieren la presencia de *Usted* para hacerle fotos y una entrevista. Quiere despedirse de *Vanguardia* y aprovechar, además, para plantearle una vieja cuestión:

—¿Quién eres al fin y al cabo? ¿De dónde vienes? ¿Dónde puedo encontrarte?

El anciano sonríe y responde de manera sucinta:

—Soy tú mismo, mañana. Esta noche tendrás un sueño y toda la enseñanza que has recibido quedará integrada en un lenguaje poético. Hasta pronto. *God bless you!*

El concepto de prosperidad nació con el Universo. La prosperidad ya existía mucho antes de que se inventara el dinero.

El dinero es tan sólo una consecuencia, un efecto de una causa mayor, la Conciencia de Prosperidad.

El afán de lucro, la avaricia y el egoísmo no forman parte de la Conciencia de Prosperidad, que debe empezar en el individuo.

Ayúdate a ti mismo y estarás ayudando al mundo.

Integrar y prosperar

Después de un agotador y gratificante día de trabajo, *Usted* llega a casa para cenar. Evagard, su mujer, entiende lo que está ocurriendo, bastante más de lo que cree *Usted*, y lo espera con muchas cosas que contarle.

Evagard sirve la cena con sutileza y elegancia. Abre una botella de vino y *Usted* se pregunta qué significa aquello. Después de la cena, le invita a pasar a la sala de estar, lejos de los niños y del televisor. En este ambiente distendido e informal, Evagard dice:

—Dime, amor, ¿qué nota darías a nuestra relación, del uno al diez?

Usted duda unos instantes y, sin mirarla directamente, responde:

—Entre un seis y un siete.

Ella no parece sorprendida por la respuesta y sigue la conversación:

—He hecho algunos cursos y he leído algunos libros sobre comunicación en la relación de pareja y creo que puedo contribuir a superar esta fase crítica que estamos pasando.

—¿Qué quieres decir con esto de «fase crítica»?

—Quiero decir esta impaciencia del uno con el otro y que afecta también a los niños. Que no tengas tiempo para nosotros, tu familia. Tu desinterés por el sexo y tu obsesión por el trabajo y el éxito.

Usted no puede negarlo. Todo lo que ella ha dicho de su vida familiar es cierto. Con todo, aún intenta justificarse y contesta:

—Estas cosas pasan en todos los matrimonios… Después de cinco años de casados, marido y mujer prácticamente se vuelven hermanos…

—Es posible que en la mayoría de los casos sea así, pero eso no significa que tenga que sucedernos a nosotros, ¿verdad?

Evagard está satisfecha de cómo se desarrolla el diálogo, pues percibe que de él pueden surgir nuevas posibilidades. Acaricia las manos de *Usted* y le muestra así que de verdad está muy interesada por su bienestar.

—Una conversación franca y abierta es un buen comienzo. Mira: hace poco leí un libro y aprendí que tú eres visual y yo soy auditiva.

—¿Qué es eso de visual y auditivo? ¡Me suena muy norteamericano!

—Quizá lo sea. Lo que importa es que estos conceptos nos ayuden en nuestras relación. Lo de visual significa que tu cerebro, *Usted*, procesa casi siempre la información como imágenes. Y auditiva es la persona que la procesa sobre todo en forma de sonidos.

—¿Y cuál es el resultado práctico de esta información?

—Pues que cuando hablo contigo tengo que procurar no sólo hablar, sino también «mostrarte» lo que estoy diciendo. Y tú, por tu parte, no sólo debes mostrarme las cosas, sino también dejar que «oiga» lo que tienes que comunicarme. ¿Qué te parece? ¿Tiene sentido?

—Sí, lo tiene —responde *Usted*, interesado por lo que explica Evagard—. ¿Qué más has aprendido de la comunicación entre nosotros?

—La semana pasada, mientras estabas de viaje, hice un curso llamado «Diferencias entre el hombre y la mujer»; aprendí cosas que me han permitido entender mejor tus actitudes y las mías.

—¿Qué, por ejemplo?

—Por ejemplo, que entre el cerebro masculino y el femenino hay diferencias sutiles. Mientras el hombre sólo es capaz de hacer una cosa a la vez, la mujer puede hacer varias simultáneamente. Podemos estar pendientes del televisor, hacer la cena, cambiar pañales y terminar un informe para el día siguiente todo al mismo tiempo. Cuando vosotros, los hombres, estáis viendo la televisión, por ejemplo, eso es lo que hacéis: ver la televisión y nada más. Por esa razón, al hombre le resulta difícil hacer el amor y hablar al mismo tiempo…

—Si quieres que salga bien, sólo puedes dedicarte a una cosa —responde *Usted* y se pone a reír.

Siguieron hablando muchas horas, y resolvieron algunos conflictos de su vida conyugal que se acumulaban desde hacía años. Los ejercicios con *Vanguardia* habían enseñado a *Usted* a tomarse las cosas con calma y a estar dispuesto a ir hasta el «fondo del pozo».

Terminada la conversación, *Usted* y Evagard, abrazados, escucharon su música favorita, y cantaron una preciosa balada: «No eres sin mí, yo no existo sin ti...».

Fueron al dormitorio, hicieron el amor con una intensidad que hacía muchos años que no sentían y, abrazados, se quedaron dormidos.

Conocimiento no es acumulación de información, sino competencia en la acción.

Sumergido en la fase más profunda de su sueño, *Usted* «despierta» al sueño de los sueños que había predicho *Vanguardia*.

Se encuentra en una carretera larga y florida, en una llanura que se extiende kilómetros y kilómetros. Brilla el sol y el cielo está transparente. Camina con los pies en el suelo y la cabeza en las estrellas, al son del riachuelo que corre cerca y de la música del *Canon* de Pachelbel, que suena a la perfección en sus oídos. *Usted* tiene la sensación de que es el dueño del mundo.

Llegada de la nada (aquella nada que lo es todo) surge entonces una mujer de cuerpo esbelto y amplia sonrisa. Anda como si bailara, expresando sabiduría en cada movimiento y mucho amor en el mirar. Trae una flor multicolor y un libro de cubiertas tan doradas como sus largos cabellos.

> El PERDÓN antes de ser un acto de AMOR, es un acto de INTELIGENCIA.

La flor que ella le da simboliza vida, amor, belleza, la cualidad perenne de las cosas y la eternidad de los sentimientos. *Usted* se deja llevar por su hemisferio derecho y entra en el baile y se confunde con las notas musicales. Se deja envolver por la música, por la plenitud del momento.

La mujer, que se confunde ahora con Evagard, hace un elegante movimiento de aikido que lo lanza al suelo sin hacerle daño. *Usted* cae con suavidad, y su cabeza queda apoyada en el regazo de ella. Con el respeto de quien abre la Biblia para orar, ella abre el libro dorado y le susurra al oído:

—**Érase una vez… hace muchos, muchos años, y ahora al mismo tiempo…, un ser que había conseguido alcanzar una notable trascendencia en su vida. Aprendió a que se manifestara en ella una mayor prosperidad.**

»Descubrió cómo hacer de su vida una manifestación de riqueza, salud y amistad.

»Con las palabras, creaba realidad. Y así declaraba, pedía, daba, recibía, se arriesgaba, creía, agradecía, producía y fertilizaba haciendo fluir la energía vital transmitida por medio del dinero.

»Cuanto más rápido giraba la Rueda de la Abundancia, más se manifestaba el dinero en su universo físico. Y aunque en torno a él la velocidad de la Rueda muchas veces disminuía y creaba recesión, él se veía libre de ese efecto, inmune a la pobreza, y aumentaba la velocidad de su Rueda de la Abundancia.

»Ese ser daba todos los días gracias al Universo por aquello que quería y había conseguido, y de ese modo captaba del Universo la energía de la Prosperidad y de la Abundancia. Movido por esa profunda gratitud, decidió dedicarse a desarrollar en otras personas (todas aquellas que lo desearan) la conciencia de la prosperidad.

»Con la conciencia expandida de esta manera, desarrolló la habilidad de funcionar sin esfuerzo y de forma conveniente en este Universo, viviendo como un millonario y sin gastar un céntimo. Comprendió que el dinero es un intercambio de energía vital. Y que el único valor del dinero es que permite hacer cosas que con él no se pueden comprar. (El dinero compra, por ejemplo, un

libro como este, pero no necesariamente aprenderás el conocimiento que encierra sólo por el hecho de haberlo comprado.)

La nueva conciencia expandió su capacidad de percepción; en su próspera mente surgían inesperados *insights*.

Conectado al Infinito, a la Fuente, a Dios, al Universo (no importa cómo se lo quiera llamar), desarrolló la capacidad de viajar por el Universo sideral y, al mismo tiempo, investigar minuciosamente su propia mente.

Caminó por los circuitos de su cerebro y vio que en su mente, y en la mente de cualquier individuo, cohabitan dos aspectos de la personalidad: el pensador y el experimentador. Uno piensa, y el otro pone en práctica lo pensado. Una parte que piensa, concibe, crea, y otra que prueba, produce y hace posible que las cosas sucedan en el universo físico,

Viajando mentalmente por los confines del Universo, reconoció en lo que veía un nivel de poder e inteligencia aún inalcanzable para el ser humano. Pero observó que a pesar de estar extremadamente bien planeado (no vio, por ejemplo, ningún atasco de planetas), el Universo no se creaba solo. Cada individuo es un cocreador, un coproductor de toda esta realidad.

«Ya que mi vida es hoy nada más y nada menos que la vida que mi yo pensador ha pensado, si cambio mi modo de pensar cambiaré el modo en que se desarrolla mi vida»,

> Puede que el cambio sea difícil; pero, ¿cuál es la alternativa?
>
> *Hunt*

constató. Y para cambiar su comportamiento y los hechos de su día a día, procuró cambiar primero su pensamiento.

Sintonizó su mente en la frecuencia positiva del Universo, en armoniosa conexión con el infinito, y con una sencilla frase entendió el secreto de la prosperidad, del mismo modo que quien tiene la certeza absoluta de que es poseedor de un billete premiado y de que la manifestación de la prosperidad en su vida es simplemente una cuestión de tiempo: el proceso de llegar allí es la cualidad de estar allí.

Tan pronto decidió sentirse como un millonario, empezó a atraer riqueza hacia su vida. Como auténtico cocreador de su existencia, se dedicó con ahínco a un proceso creativo que lo conduciría a la prosperidad.

Como si el pensador y el experimentador estuvieran frente a frente, se preguntó a sí mismo:

«¿Qué habré pensado para que mi vida sea como es?»

«¿Qué pensamientos albergué en el pasado para ser de la manera que soy ahora?»

«¿Qué me gustaría pensar para hacer de mi vida la vida que desearía tener?»

Además de trazar algunas metas concretas de vida próspera, con plazos y etapas bien determinados para alcanzarlas, se preguntó a sí mismo:

«¿Cuál es mi finalidad en la vida?»

Sabía que, si respondía a esa pregunta, nunca más tendría problemas económicos en su vida, pero no se apresuró a responderla. Esperó con calma a que la respuesta llegara a lo más hondo de su ser. Se hizo esa pregunta durante siete días seguidos, y se quedó sorprendido cuando una mañana, mientras tomaba café, percibió la llegada a su conciencia de la revelación sobre lo que había venido a hacer al mundo.

Y vio que aún le quedaba mucho por aprender, pues el conocimiento es infinito.

Al funcionar con total libertad y equilibrio los hemisferios izquierdo y derecho del cerebro, su proceso creativo empezó a visualizar metáforas para aprender con más facilidad las leyes del universo. Una vez definido su objetivo de vida, se abrió una cortina en su percepción y vio con claridad un largo camino a recorrer.

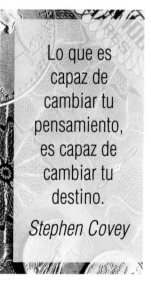

Lo que es capaz de cambiar tu pensamiento, es capaz de cambiar tu destino.
Stephen Covey

En el camino de la prosperidad divisó cuatro leyes básicas: La *ley de ganar*, la *ley de gastar*, la *ley de ahorrar* y la *ley de invertir*.

La ley de ganar le había parecido muy sencilla: **«Debes disfrutar de unos ingresos que te permitan vivir bien».** ¿Cómo? **«La riqueza la crea la mente humana. Los problemas económicos no se resuelven con dinero, y sí con creatividad, con imaginación. Tienes una mente capaz de crear la riqueza que deseas.»**

Caminó un poco más y conoció la *ley de gastar*. **«Para gastar el dinero que ganas, tienes que divertirte ganándolo. Cuando a alguien le gusta lo que hace, le resulta fácil gastar el dinero, porque gastar significa ganar otra vez, y volver a ganar significa divertirse de nuevo. Además de eso, el valor del dinero lo determinan el comprador y el vendedor en cada transacción».**

Más adelante en el camino de su próspero aprendizaje estaba la *ley de ahorrar*. **«Es la ley que genera abundancia. Habla de acumular el excedente de tus beneficios. Guardar el excedente de tus beneficios equivale a generar abundancia en tu vida.»**

Las tres primeras leyes se unieron frente a él y le presentaron la *ley de invertir*. **«Es una combinación de ganar, gastar y ahorrar. Es gastar una parte del capital que ganas y ahorras en tu nombre, con el propósito de aumentar tus ingresos.»**

Siguió su paseo y al poco vio que lo rodeaban un grupo de seres que repetían sin parar una serie de sentencias:

—**Trabajar mucho da riqueza.**

—**No es correcto divertirte y que te paguen por eso.**

—**Hay profesiones que dan dinero; otras, no.**

—**No hay riqueza suficiente para todos.**

— **Si yo gano, alguien tiene que volverse pobre.**

—**El dinero es algo sucio.**

Estas opiniones le eran familiares, las había escuchado ya en su infancia. Estaba tan acostumbrado a aquellas ideas que su mente podría conformarse, creer que eran «verdad», pero a estas alturas del camino ya sabía que eran mitos. Se dio cuenta entonces de que quienes lo rodeaban y lo increpaban con mentiras intentaban cerrarle el paso, y rebatió todas las sentencias con firmeza. Al descodificar las ideas negativas de su cerebro, fortalecía en su psique, paso a paso, la conciencia de prosperidad.

Se sentó para descansar. Había hecho un trabajo tan intenso de limpieza en su mente que su memoria resultaba extraordinariamente poderosa. Apoyado en el tronco de un frondoso árbol, símbolo materno, revivió la experiencia del nacimiento.

Está en el útero, caliente y cómodo, cuando empiezan las contracciones y tiene que salir expulsado por el canal del parto. Lo sujetan cabeza abajo, cortan su cordón umbilical, le dan un azote en el trasero y, por primera vez, llora. Y su primera respiración queda asociada entonces al miedo, al pánico a la muerte.

El recuerdo de su nacimiento le permitió comprender que el simple acto de respirar le proporcionaba la sensación inconsciente de que iba a morir. Le bastó comprenderlo para que aquella asociación mental se deshiciera.

Comprendió que mucha gente se pasa la vida inmersa en este proceso, y no consigue ganar dinero ni tener salud a causa de la experiencia mal resuelta de su propio nacimiento.

Y aprendió algo que ya jamás olvidaría, que practicar el perdón nos abre las puertas a la felicidad, la salud y la prosperidad.

Después de superar los mitos y de enfrentarse al lastre de viejos rencores, experimentó una sensación de vitalidad tan plena que tuvo la certeza de que era inmortal. Jamás gastaría una parte de su energía en morir. Seguiría produciendo, para él y para el Universo, no importa la edad que tuviera.

La mujer dejó de leer durante algunos minutos. *Usted* pensó:

«¿Es una historia verídica o se trata de una alegoría? ¿Y qué ser es ese que consiguió tan gran trascendencia? ¿Será *Vanguardia*? Tal vez…»

La mujer, como si oyera sus pensamientos, hizo que descansara de nuevo la cabeza en su regazo y le habló con dulzura:

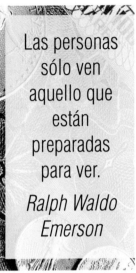

Las personas sólo ven aquello que están preparadas para ver.

Ralph Waldo Emerson

—**Si estás aquí es porque tú puedes marcar la diferencia. Como cualquier ser humano, tienes la capacidad de trascender, la utilices o no, sepas o no que existe. Cada día tienes la oportunidad de trascender en tu vida.**

»**¡Trascender significa empezar de nuevo!**

—¿Y cómo se hace eso?

Primero: haciendo elecciones.

Segundo: poniéndote en acción.

Tercero: facilitando el cambio.

—**Necesitas saber escoger y, entonces, podrás escoger. Como fuerza creadora de tu vida, manifiestas en tu universo físico aquello que quieres convertir en real.**

Eres responsable de todo lo bueno que te ocurre, y también de todo lo malo.

»Cada cual crea en su vida lo que le gusta, y también lo que le disgusta.

»Por lo general las personas deciden ser responsables de aquello que han creado y les gusta, pero culpan al marido, a los vecinos o a la esposa de todo aquello que no les gustan.

»Tú eres la fuerza creadora de tu vida. Todo lo que hay alrededor de ti es tuyo, lo has creado tú.

Llevado por aquella suave voz, *Usted* se fue quedando dormido mientras esta afirmación calaba hondo en su cerebro:

«Soy la fuerza creadora de mi vida.»

LA PARÁBOLA DE LOS TALENTOS
(Mateo 25, 14-30)

¹⁴ Porque es así como un hombre que, estando para emprender un viaje, llamó a sus siervos y les entregó sus bienes.

¹⁵ Y a uno le dio cinco talentos, a otro dos, a otro uno, a cada cual según su propia capacidad, y emprendió su viaje.

¹⁶ En seguida se fue el que había recibido los cinco talentos, negoció con ellos y ganó otros cinco.

¹⁷ Asimismo, también el que había recibido los dos ganó otros dos.

¹⁸ Mas el que recibió uno se fue, cavó en la tierra y escondió el dinero de su señor.

¹⁹ Después de mucho tiempo llega el señor de aquellos siervos y ajusta cuentas con ellos.

²⁰ Y llegándose el que había recibido los cinco talentos, presentó otros cinco talentos, diciendo: «Señor, cinco talentos me entregaste; mira, otros cinco talentos gané».

²¹ Díjole su señor: «Bien, siervo bueno y fiel; en cosas pocas fuiste fiel, sobre muchas te pondré; entra en el gozo de tu señor».

²² Y llegándose también el que había recibido los dos talentos, dijo: «Señor, dos talentos me entregaste; mira, otros dos talentos gané».

²³ Díjole su señor: «Bien, siervo bueno y fiel; en cosas pocas fuiste fiel, sobre muchas te pondré; entra en el gozo de tu señor».

²⁴ Y llegándose también el que había recibido un talento, dijo: «Señor, conocí que eres hombre duro, que cosechas donde no sembraste y allegas donde no esparciste;

²⁵ y, atemorizado, me fui y escondí tu talento en la tierra; ahí tienes lo tuyo».

²⁶ Y respondiendo su amo, le dijo: «Siervo malo y haragán, ¿sabías que cosecho donde no siembro y allego de donde no esparcí?

²⁷ Razón, pues, era que tú consignaras mis dineros a los banqueros, y yo en llegando hubiera recobrado lo mío con los intereses».

²⁸ «Quitadle, pues, el talento y dadlo al que tiene los diez talentos.

²⁹ Porque a todo el que tiene se le dará y andará sobrado; mas al que no tiene, aun lo que tiene le será quitado.

³⁰ Y al siervo desaprovechado arrojadle a las tinieblas de allá fuera: allí será el llanto y el rechinar de dientes.»

Cambiar para permanecer

sted se despierta porque Evagard lo está llamando. No sabe cómo, pero está haciendo tarde. Salta de la cama y en menos de diez minutos ya está en la calle.

Al llegar al trabajo recuerda que hoy daban la última conferencia sobre el éxito en la empresa y corre hacia la sala de actos, pero cuando llega ya ha empezado. El conferenciante se dirige a una participante y le dice: «**Sé espontánea**». La participante no entiende nada. Y entonces el orador explica:

—**Acaban de presenciar ustedes una paradoja en acción: si ella no fuera espontánea, no hubiera seguido mi recomendación; pero si lo fuera, me hubiera obedecido, y entonces tampoco hubiera seguido mis indicaciones de que fuera espontánea.**

»**Esto es una paradoja. La paradoja es un preámbulo para el cambio de paradigmas.**

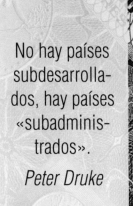

Un participante levanta la mano y pregunta:

—¿Qué son los paradigmas?

—**Los paradigmas son nuestros filtros de percepción. El modo como vemos el mundo. Cambiarlos provoca en nosotros una nueva percepción del mundo, pues crea nuevas posibilidades hasta entonces inexistentes. Cuando Albert Einstein decía que los problemas importantes no pueden resolverse en el mismo nivel de pensamiento en que fueron creados, estaba en realidad refiriéndose al cambio de paradigmas.**

»Siempre que se da un cambio de paradigma, a quienes dependen de él les disgusta la idea y procuran combatirla con fuerza, y suelen hacerlo en tres fases distintas:

Esto es nuevo, pero no es cierto. **Si el nuevo paradigma es realmente verdadero y no deja lugar a dudas, se pasa a la segunda fase.**

Esto es nuevo y es cierto, pero no es importante. **Si el nuevo paradigma es realmente importante y está destinado a perdurar, surge la tercera fase.**

Esto es cierto y es importante, pero no es nuevo. **Todo el mundo ya lo conoce.**

Usted entendió por qué sus compañeros lo criticaban cuando hablaba de responsabilidad. Percibía el mundo de una forma diferente. El conferenciante continuaba su explicación.

—**Para cambiar paradigmas, tanto en la vida personal como en la profesional, es preciso hacerse la siguiente pregunta cada día: ¿Qué es imposible ahora en mi vida (personal/profesional) que, si fuera posible, cambiaría mi manera de vivir? Esta pregunta generará respuestas que abrirán, en su vida, nuevos paradigmas personales y profesionales.**

—**Vivimos en una era exponencial. Todo cambia muy rápido. La complejidad se ha incorporado a nuestra vida cotidiana… Una serie de factores han contribuido a acelerar el proceso: el uso generalizado del ordenador, la explosión de la información, la interdependencia global, la internacionalización de la economía, Internet, etc.**

»**Se hace necesario desaprender el pasado, pues buena parte de lo que sabemos se está volviendo inútil y obsoleto, y puede incluso confundirnos.**

»**Es muy importante que consigan entrenar su mente para ejercer todas las posibilidades, para definir las verdaderas expectativas y decidir qué debe hacerse ahora para superar los obstáculos de mañana. La anticipación es el alma del negocio.**

»¿Está obteniendo su empresa los resultados en el mercado que le gustaría obtener?

»Si la respuesta es sí, están ustedes en el buen camino. Si la respuesta es no, tienen que hacer algo distinto, de lo contrario la empresa desaparecerá... es una cuestión de tiempo.

»Pero si la respuesta es sí, eso no garantiza que su empresa sobrevivirá para siempre. El sí significa que el peligro no es inmediato, no es un riesgo a corto plazo. Para estar seguros de que se hace lo que es correcto, aquello que se deberá hacer en el futuro, tienen que responder a otra pregunta: Si la empresa sigue haciendo lo que ha estado haciendo, ¿seguirá obteniendo buenos resultados de aquí a cinco o siete años? Si responden que sí a la primera pregunta y no a la segunda, es la hora de cambiar.

»Recuérdenlo: El mejor momento para el cambio es cuando no es preciso cambiar. La administración del cambio es compleja y requiere mucha atención por par-

¿Obtiene?	¿Seguirá obteniendo?	RECOMENDACIÓN
SÍ	SÍ	Siga haciendo lo que está haciendo.
SÍ	NO	Es el momento de hacer algo distinto.
NO	SÍ	El futuro parece prometedor.
NO	NO	El barco se hunde. ¿Sabe nadar?

te de la empresa. Ustedes pueden y deben crear el futuro de su empresa antes de que alguien lo haga por ustedes de una forma que, tal vez, no les guste.

»En la vida podemos aprender de dos modos. Por cuenta propia o siguiendo las orientaciones de quien sabe. Aprender por cuenta propia está bien, pero es muy lento. Como dice un proverbio chino: "El tiempo es el mejor de los maestros, aunque termina matando a todos sus discípulos".

»Podemos aprender de las empresas que tienen éxito, observando su filosofía de trabajo, sus estrategias y los

1.	Contratar el mejor profesional del mercado y formarlo constantemente.
2.	Establecer objetivos amplios y dar autonomía en cuanto al modo de alcanzarlos.
3.	Estimular el trabajo en equipo, confiando en la capacidad de las personas para gestionarlo.
4.	Promover la libre comunicación y un alto grado de integridad.
5.	Crear un ambiente de trabajo que recompense la innovación.

resultados que obtienen. A propósito de aprender con los mejores, me gustaría compartir con ustedes el modelo *Hewlett-Packard*, los cinco mandamientos de la empresa:

—Las más sofisticadas tecnologías, por buenas que sean, sólo funcionan realmente bien cuando hay un cambio de mentalidad en la empresa y en las actitudes individuales. Los cinco principios citados sintetizan con claridad cuáles son los factores críticos de la organización empresarial en este periodo de intensas transformaciones. Personas cualificadas, autonomía, trabajo en equipo, objetivos valientes, comunicación fluida, espíritu abierto a la innovación. Son ingredientes sencillos, poderosas herramientas para los nuevos tiempos.

»Proporcionen a los seres humanos (empezando por ustedes mismos) condiciones apropiadas de trabajo que permitan la autorrealización, la confianza en uno mismo, la integridad, el respeto mutuo, la visión compartida y la prosperidad. Hagan que crean que es posible alcanzar las metas más altas, y ellos harán "lo imposible".

»Todas las mañanas, en África, una gacela se despierta. Sabe que tiene que correr más rápido que el león más veloz para que no la cacen y la maten.

»Todas las mañanas, en África, un león se despierta. Sabe que tiene que correr más rápido que la gacela más lenta, o morirá de hambre.

»No importa ser gacela o león. Lo importantes es que cuando el sol salga echemos a correr.

Usted se dio cuenta de que era hora de empezar a correr, de hacerlo hacia un futuro más rico y gratificante.

Salió de la sala de actos con nuevas energías y se dirigió a su despacho para crear su futuro.

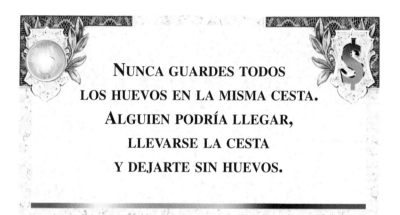

NUNCA GUARDES TODOS LOS HUEVOS EN LA MISMA CESTA. ALGUIEN PODRÍA LLEGAR, LLEVARSE LA CESTA Y DEJARTE SIN HUEVOS.

Sólo a través del trabajo consigues exteriorizar lo mejor de ti.

Seicho-no-ie

Grano a grano, la gallina llena el buche

Si inviertes 120 dólares al mes, todos los meses, a un interés anual del 20 por ciento, en interés compuesto mensual y reinvirtiendo, tendrás las siguientes cifras en dos, cinco, diez, quince, veinte y treinta años:

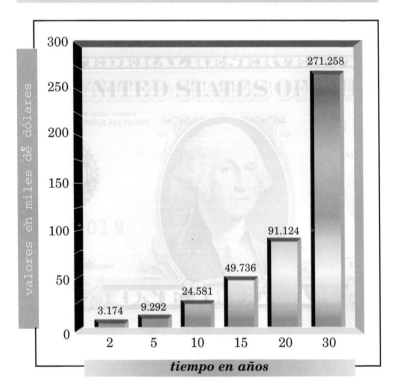

El ciclo se renueva

uando *Usted* despierta, el sueño poético está totalmente integrado y codificado en su estructura psicológica, todo aquel conocimiento ya forma parte de él. Tiene la sensación de que *Vanguardia* ha sido el vehículo gracias al cual ha redescubierto aquello que ya sabía.

Ahora se siente más próspero, más sano, y valora las ventajas de ser un no fumador; está más optimista y se precia de ser dueño de sus actos. Al saber, y no sólo intelectualmente, incluso orgánicamente, vivir el hoy y planear el mañana, es capaz de visualizar nuevos horizontes.

Vanguardia aún forma parte de la vida de *Usted*. Va y viene según las necesidades. No obstante, su relación no es de dependencia, sino de interdependencia. *Usted* es consciente de que aún necesitará a *Vanguardia* en otras ocasiones, como en el proceso de mejora de su

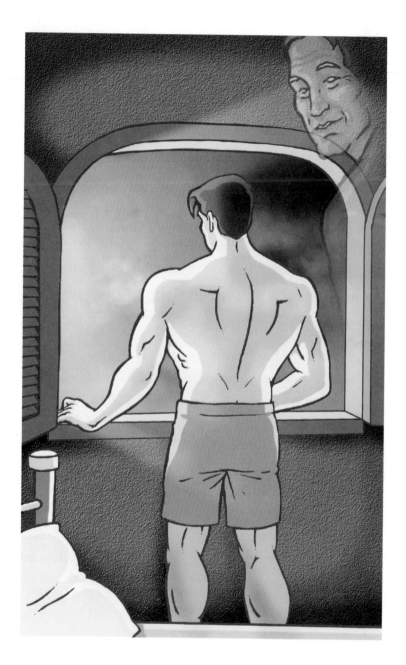

autoestima, en la convivencia con problemas existenciales y en el cambio de otros paradigmas personales y profesionales.

Eufórico, *Usted* decide expresar sus sentimientos por escrito, en una historia. Se sienta a la mesa del comedor y empieza a pasar sus ideas al papel.

Érase una vez, en un lugar muy lejano (y, al mismo tiempo, aquí), hace muchos y muchos años (y, al mismo tiempo, ahora), un grupo de jinetes que viajaba en noche cerrada. Con los caballos cansados, se pusieron a subir una montaña escarpada y cubierta de piedras.

El cansancio y el desánimo cundían entre los miembros del grupo. Todos deseaban detenerse y dormir, pero no podían interrumpir el viaje.

En estas surgió de los cielos una voz poderosa, como un trueno:

—Desmontad de vuestros caballos, llenad vuestras bolsas con las piedras del camino y volved a montar para seguir viaje. Al amanecer estaréis alegres y tristes al mismo tiempo.

Algunos desmontaron; otros, no.

Unos cogieron muchas piedras; otros, pocas.

Sin apenas demora, siguieron viaje.

Al amanecer, como había anunciado la voz, estaban alegres y tristes al mismo tiempo.

Alegres porque no habían recogido piedras vulgares: eran diamantes.

Y tristes porque se arrepentían de no haber recogido mayor cantidad.

Así es la vida

——————————————— Usted

Vanguardia, desde lo alto, seguía observando y transmitiendo a la mente de *Usted* la esencia de la prosperidad, por medio de las palabras del poeta Ralph Waldo Emerson.

Reír con frecuencia y amar mucho;
ganarse el respeto de las personas inteligentes
y el afecto de los niños;
conseguir la aprobación de críticos honestos;
apreciar la belleza;
darse;
dejar el mundo un poco mejor,
con un niño más sano,
un jardín más florido
o una condición social más alta;
jugar y reír con entusiasmo
y cantar con exultación;
saber que al menos una vida
respiró más fácilmente porque tú viviste.

Esto significa tener éxito.

Este es el conocimiento que transmite este libro. Vuelve a leerlo. Coge más diamantes. Te están esperando.

Amor y Sabiduría
Vanguardia

UN MENSAJE DE DESPEDIDA

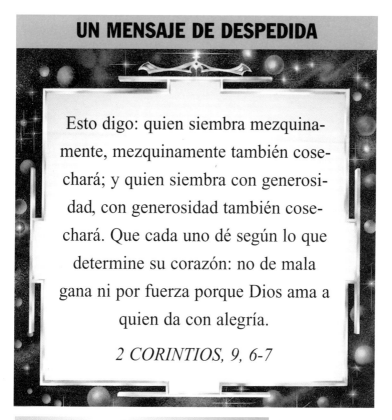

Esto digo: quien siembra mezquina-mente, mezquinamente también cose-chará; y quien siembra con generosi-dad, con generosidad también cose-chará. Que cada uno dé según lo que determine su corazón: no de mala gana ni por fuerza porque Dios ama a quien da con alegría.

2 CORINTIOS, 9, 6-7

CONFÍA EN DIOS Y VIVE ABUNDANTEMENTE.

Otras obras del doctor Lair Ribeiro publicadas por Ediciones Urano

El éxito no llega por casualidad

¿Cómo se alcanza el éxito? ¿Cuál es el secreto de las personas que lo obtienen? Es simple, pero no fácil: depende de usted. El éxito está en sus manos. Hay una fuerza especial dentro de usted. Aprenda a usarla en su beneficio.

Adelgazar comiendo

Dejando atrás la fuerza de voluntad y el rigor de las dietas, el doctor Ribeiro nos proporciona las claves para alcanzar, sin esfuerzo, lo que todas las dietas nos proponen: una reeducación consciente y definitiva de nuestra manera de alimentarnos.

Cómo aprender mejor

El doctor Ribeiro te pone al día y te explica cuáles son las técnicas más modernas para aprender y para sacar el mejor provecho de lo aprendido, mediante un útil programa basado en tres aspectos fundamentales del éxito.

Aumente su autoestima

Muchas veces pensamos que el mundo no nos trata como merecemos y culpamos a los demás de nuestros fallos y desilusiones. Sin embargo, la verdad es que el modo como nos trata el mundo es un reflejo de cómo nos tratamos a nosotros mismos.

La comunicación eficaz

Los métodos de la Programación Neurolingüísitca, aplicados al proceso comunicativo, pueden transformar nuestra vida aumentando nuestra influencia, multiplicando los recursos de nuestra inteligencia y estimulando nuestra confianza.

EL ÉXITO EMPRESARIAL

En este libro fascinante encontrará métodos simples y prácticos que le ayudarán a aumentar su rendimiento personal y el de su empresa, progresar en su profesión y obtener una mayor satisfacción personal de su trabajo.

LA MAGIA DE LA COMUNICACIÓN

¿Qué valor tiene el gran cargamento de oro de un barco hundido en lo más profundo del océano? Ningún valor, cero. ¿De qué te sirven todos tus conocimientos, tu inteligencia y tu capacidad de adquirir información si no consigues expresarte eficazmente? Lo mismo que el oro hundido.

CREA TU FUTURO

Nueva versión de *Viajar en el tiempo*. El doctor Ribeiro presenta en esta obra uno de los métodos que ha tenido más repercusión en los cursos que imparte regularmente, con que aprenderemos a volver al pasado para resolver nuestros traumas, y viajar al futuro para realizar nuestros objetivos.

LOS PIES EN EL SUELO, LA CABEZA EN LAS ESTRELLAS

Con esta adaptación para jóvenes (de todas las edades) del bestseller *El éxito no llega por casualidad* aprenderás a expandir tu inteligencia, a equilibrar tus emociones, a desarrollar todo tu potencial creativo y a sacar el máximo rendimiento de ti mismo.

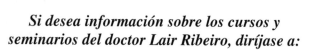

Si desea información sobre los cursos y seminarios del doctor Lair Ribeiro, diríjase a:

Argentina:
Ediciones Urano
Castillo, 540
1414 Buenos Aires
Tels. (541) 771 43 82 - 777 04 37 - Fax (541) 771 43 82
correo electrónico: argentina@edicionesurano.com

Chile:
Ediciones Urano
Av. Francisco Bilbao, 2809
Providencia - Santiago de Chile
Tel. (562) 341 67 31 - Fax (562) 225 38 96
correo electrónico: chile@edicionesurano.com

España:
Lair Ribeiro Training
Córcega, 459, ático
08037 Barcelona
Tel. 932 071 003 - Fax 932 074 806
correo electrónico: pensa@adam.es

México:
Ediciones Urano
Carmen, 23 (Colonia Chimalistac)
01070 Del. A. Obregón - México D. F.
Tel. (525) 661 07 54 - Fax (525) 661 68 91
correo electrónico: mexico@edicionesurano.com

Venezuela:
Ediciones Urano
Avda. Luis Roche - Edif. Sta. Clara, P. B. Altamira Sur
1062 Caracas
Tel. (582) 264 03 73 - Fax (582) 261 69 62
correo electrónico: venezuela@edicionesurano.com